Life's Meaning
and One Health

生命意义与同一健康

主编◎邱仁宗　杨美俊　陆家海
执行主编◎张媛媛

中国人民大学出版社
·北京·

生命关怀教育与实践通知课程（大学册）
国家重点研发计划"战略性科技创新合作"重点专项
（2018YFE0208000）

编委会

主　　编：邱仁宗　杨美俊　陆家海

执行主编：张媛媛

副 主 编：马翰林　王汐朋　田　松

编　　委：陈建明　陈思敏　方绿珍　葛　桦　黄　毅
　　　　　贾忠奎　江　洋　雷瑞鹏　李建军　李丽纯
　　　　　李晓岩　林德贵　刘晓雅　刘永春　钱　进
　　　　　孙国柱　陶应时　汪庆祥　王福玲　王华南
　　　　　王延伟　杨　丽　杨四平　杨通进　银枝娟
　　　　　于长江　张会永　张建平　张振仓

顾　　问：樊美筠　马敬仁　苏佩芬　王治河　张志尧
　　　　　周晋峰

前言

迈入21世纪第三个十年，人类文明再次面临瘟疫、战争和饥饿三大危机的交织。新型冠状病毒肆虐全球造成的巨大影响尚未消散，禽流感等多种人兽共患病在全球的发展令人担忧，极端气候频发，洪水、地震、蝗灾为害，饥馑问题以及营养不良或营养过剩导致的慢性病持续产生影响。及至本书截稿时，爆发于2022年的俄乌冲突依然没有结束的迹象，朝鲜半岛、巴尔干半岛的紧张局势也在升级。全球经济深陷泥潭，福岛核污染水排海已成事实。虽然ChatGPT的走红让世人看到了科技的力量，但巨量信息加剧了青年人的迷茫。

"同一健康"早期主要关注人兽共患病，现正在成为应对超复杂社会问题的共同战略，故而发展一个增进联合的广泛范式，促进生态、可持续发展、经济学、社会正义等多角度的参与是至关重要的。与此同时，生命伦理学也不断发展。基于这一背景，来自数十个学科的编委专家协同工作，希望能为大家提供一个涵盖科学和人文的跨学科读本，以帮助青年人发展生命关怀心智模式（Caring for Life Mental Model），找到认知复杂世界的新视角，发展以同一健康为核心的生活实践新策略。

本书的出版是中国绿发会同一健康工作委员会、中山大学公共卫生学院One Health研究中心、温州医科大学同一健康研究院、海南医学院One Health研究中心、苏州科技大学及闽南师范大学两所学校的生命关怀教育与实践课程组、中国自然辩证法研究会科学传播与科学教育专业委员会等单位，推动同一健康通识科学传播的第一步。

本书内容适用于含本科院校、高职（专科）院校在内的普通高等学校，以及成人高等学校开展"生命关怀教育同一健康"通识课程教学，编委会制作了详细的教学辅助材料，可在中国人民大学出版社官网上下载使用，同时也欢迎广大教育工作者参与交流及共创。

  本书采用非常规的编写模式，涉及生物学、公共卫生学、动物医学、林学、农学、环境科学、心理学、人类学、社会学、哲学、生命伦理学等多学科的内容，增加了编写难度，是否达到了最初的设定，还望读者积极反馈，以帮助我们不断推动同一健康通识教育的发展。在此也对张洪波、梅杰、张伟伟、曹敏雯、陈梦鸽以及诗人白鸦等在组稿过程中的参与表示感谢，基于不同视角的反馈也是本书得以顺利完成的关键。

写给青年的一封信

可能和我一样,你也是第一次接触到这些内容,而且在阅读的过程中,不断地被震撼到,被世界原来是这样的本质感动。

有心的读者也许会留意到,在本书的主编中有我的名字,所以可能会满腹狐疑:主编之一居然也是第一次接触到这些内容,这也太不合情理了吧。

这是事实,虽然我从事教育工作二十多年,虽然我在宏观层面知道生命意义对于今天的学生格外重要,但我和你一样,从来没有看到过这样的一本书:由不同领域的学者、专家,围绕一个主题——生命意义与同一健康,由外而内地剖析,让我们看到世间最柔软的本相。

世间的本相是什么?在邱仁宗老师的笔下,老猫、花花、豆豆和虎妞,她们个性不同,脾气和喜好也不同,但她们的生命状态与喂养者的生命深度交织。邱老师与猫的情感世界高度融合,为老猫的母爱柔和而感慨,为花花爱的独有性和爱而不得的爱情故事而感怀,为豆豆的自主性和隐私观念而感叹,更是被虎妞的活泼调皮感染了。这些猫与人之间的关怀故事读来让人动容,邱老师也用他最朴实的笔触为我们描摹出了一张平等互爱的生命之网,恰如辛弃疾在《鹧鸪天·博山寺作》中所写:"一松一竹真朋友,山鸟山花好弟兄。"我们把自己的生命置于万物之中,就会发现,宇宙的神奇就在于此,不同的生命与事物都是我们生活场域的一部分,既彼此相依,又互相平衡,保持着一种"审美关系"。

因此,于长江老师用洗练的文字,将生命之网的不同维度,从远古人类的朴真思考说起,再用今天科学所发现的宇宙万物无限的多样性和复杂性加以印证：我们所知并不多，但生命之间是广泛联系和贯通的，人类的自觉性决定了人类具有跳出这一狭隘局限的能力和勇气，尽量从更多更广泛的视角来理解万物和宇宙，以真正与"万物之灵长"的角色匹配。以此理念来解决当下我们所面对的复杂的时代困境，"同一健康"便是解决公共卫生领域问题的世界共识，它主张跨学科、跨部门、跨地区的合作与交流，通过整合多学科、多部门、多地区的资源来保障人类、动物和环境健康。尤其是经历过新型冠状病毒感染，世界对生命之网的感受肯定更深刻。世间万物若没有良好的审美关系，一定会带来失衡和灾难，詹姆斯·拉伍洛克（James Lovelock）的"盖娅学说"进一步揭示了这一点。

可什么是审美关系，又如何审美呢？从东北农村走出来的田松老师因多年前的一个听闻而一直对生命究竟是什么感到困惑，最终在思考新近出现的ChatGPT时找到了答案：机器人有了痛觉，就算变成人了。一言以蔽之，感知就是生命本身。人以与自己相处的方式与外部世界相处，即一个生命理解另一个生命，生命与生命是相互确认的，这便是审美。山水花鸟、一松一竹都与我的生命有关，因为两个生命之间形成跨越物种的友谊，便在于二者有共同的、共通的感知。我们人类从哪一点可以感知别的生物的喜怒哀乐呢？在讲到生命福祉时，围绕着"动物能不能感受到痛苦"，专业人士用大量的科学实验让我们知道：狗有喜悦悲伤的脑活动；老鼠是聪明、敏感又"公平"的小动物；一头猪则可以对别的猪表达出"爱着你的爱，悲伤着你的悲伤"。这些实验初步佐证了非人类动物的一些感知能力。从这个角度讲，感知万物，将心比心，便是在构建一个生命共同体，这就是审美的重要方式。

感知到万物，其实是在不断扩展自己的生命领域和力量。因此，关怀与尊重，友善相处，便是感知到万物后人类应有的情感体现，也是生命之网恒久存在的源泉。王汐朋老师和江洋老师条分缕析地为我们梳理了关怀与尊重的本质，关怀意味着以尊重为前提与他方建立连接。因为对生命价值的理解和尊重，是源于人类对生命匮乏性需要和成长性需要的了解，和对不同的物种或人的需要及其所面临的威胁的了解，学会为自身和他者的发展与繁荣承担责任，好的关怀才能带来共同幸福。这一点，我们熟悉的社会心理学家亚伯拉罕·马斯洛在其需求理论中进行过详细阐述。本书对于与人的身心发展规律对应的几个人性需求，有非常简明扼要的剖析。尤其是小吉布森（JP Gibson）的篮球梦想故事，会让我们感叹、感动于关怀与尊重所产生的不可思议的力量。

只是人类和大多数动物都具有社会化情感，受文化、个人喜好等影响，故而做到关怀与尊重需要不断提升自己的情绪情感能力，其中的技巧和态度之一便是友善相处。王福玲老师言简意赅地揭示出：因为脆弱，我们需要友善。而在彼此相依的世界中，我们每一个人都希望被友善对待：在人与人、人与社会、人与自然的关系中。用友善的态度和行为对待万物，对于我们人类发展同理心格外重要。比如，被誉为"现代医学之父"的威廉·奥斯勒（William Osler），他以友善的专业行为，为身处特殊时期的脆弱患者带来温暖和安全感，加速了他们的痊愈。这些友善行为包含着关怀与尊重，也反映了奥斯勒医生极高的情感智力。而正是这些，让奥斯勒医生体会到生命的意义和幸福的生活。

我们从生命之网开始讲述，粗略地了解了网中不同的生命状态，以及我们相处应有的态度和行为，最终希望我们做一个"全人"，即带着好奇心、同理心、爱、尊重和敬畏去探索生命与地球的诗性之美，不断发展构建生命之网的连接能力，形成自己的情感智力，在生活实践中，让自己身心合一，让世界和谐共生。张媛媛老师和张会永老师联手，从古今中外和认知科学及积极心理学的角度，深度挖掘、详细阐释了我们生命中已有的情感智力。将它作为本书的最后一个主题，这样的设计契合了本书的意旨：发展万物之灵长的情感智力，这是我们人应有的部分。只有在这样的思维模式下，我们才容易找到生命的意义和价值，这也是我们在困惑时寻找答案的重要路径：生而为人，理应如此！

在写这封信时，我刚好看到北京师范大学边玉芳老师在 2018 年率领团队所做的某省中小学生道德测评中的一组数据，其中五年级、初中二年级和高中二年级学生对理想生活的看法得分最高的三项分别是：拥有幸福的家庭、拥有健康的身体、帮助他人为社会做出较大贡献。这组数据告诉我们一个事实：不管时代发生怎样的变化，现代人性中对幸福生活的追求都不会变。只是在社会变迁和科学技术迅猛发展的背景下，青年人拥有生理的、心理的和伦理的和谐，才会拥有幸福生活的可能。所以，在最富有精力和激情的年纪，青年人需要投身到一张生命之网中，去感知万物、关怀与尊重万物、友善对待万物。在这样的生活中经历，形成经验，身、心、意合一的幸福生活自会徐徐展开，让你感受到生命本身的诗性和价值。

五首过程诗歌用另一种方式给出了答案：我们生活于其中的世界是一个创造性的、互相依存的、互相理解的诗性世界，我们都有"万物一体之仁"的良知本体，只要张开"过程"之眼，便可看见万物正在尽情享受、痛快历险，我们亦是如此。

这大概也是你要认真阅读本书的原因吧。

杨美俊

2023 年 8 月 14 日于北京

目录

引论
什么是生命？

我和猫咪的故事札记 / 003

插画故事：《樱花树上》 / 021

课堂活动：窗外景观的意义 / 023

主题一
生命之网

什么是生命之网？ / 029

读一首诗：《奇迹》 / 035

相互依存：同一健康，同一医学，
　　同一世界 / 037

拓展阅读：詹姆斯·拉伍洛克的《盖娅：
　　地球生命的新视野》 / 063

插画故事：《圣诞岛的"红色海滩"》 / 068

课堂活动：朴门永续的同一健康关系
　　图谱 / 070

主题二
生命的感知

什么是生命的感知？ / 077

读一首诗：《野》 / 081

生命福祉：感知疼痛意味着什么？ / 082

拓展阅读：露丝·哈里森的《动物
　　机器》 / 100

插画故事：《狩猎地雷的小英雄——
　　　　　马加瓦》 / 101

课堂活动：认知的突破 / 103

主题三
关怀与尊重

什么是关怀与尊重？ / 109

读一首诗：《步行街》 / 113

需要和想要：世界上每个人都希望
　　　　　幸福 / 115

拓展阅读：内尔·诺丁斯的《学会关心：
　　　　　教育的另一种模式》 / 129

插画故事：《中国现代防疫事业奠基人——
　　　　　伍连德》 / 130

课堂活动：特定用户设计 / 132

主题四
友善相处

什么是友善相处？ / 139

读一首诗：《散步》 / 143

社会性情感：当我们相遇时 / 144

拓展阅读：坦普尔·葛兰汀的《天生不同：
　　　　　走进孤独症的世界》 / 164

插画故事：《最有影响力的兽医——吉米·
　　　　　哈利》 / 165

课堂活动：交往中的行为调适 / 167

主题五
情感智力

什么是情感智力？ / 173

读一首诗：《弹弓在城市里打鸟》 / 178

生命价值：活出意义，发展行星意识 / 179

拓展阅读：罗马俱乐部的《众生的地球》 / 198

插画故事：《中国近代动物保护主义先驱——吕碧城》 / 200

课堂活动：万物一体之仁 / 203

附　录

课程发展历程 / 209

相关创意赛事 / 210

编委会成员介绍 / 215

引论

什么是生命?

- 我和猫咪的故事札记
- 插画故事:《樱花树上》
- 课堂活动:窗外景观的意义

📝 我和猫咪的故事札记 *

序言一

我早就想写一些关于我和猫咪的故事，这些故事可能是独一无二的。也许很多人并不知道猫咪会有这样的行为，因为养猫的人不少，但认真观察和琢磨猫的人却很少。因此，人们对猫咪的了解实际上是很不够的，甚至可以说是无知的。

前后加起来，我与猫咪一共生活了近 60 年。从我念小学 4 年级起，我母亲就开始稳定地养猫，一直到我离开苏州去北京念书，这一阶段有 14 年。后来到了北京，大概到 1978 年，那时政策落实了，工作稳定了，我们分到了单元房，把母亲接到北京定居，从那时起到现在（2022 年）有 44 年。因此，前后加起来可能有 58 年的时间，使我有机会与猫咪共同生活，观察猫咪的独特行为和猜测她们（因为我养的都是母猫，所以这里我用"她们"，后文在讲到我养的猫咪时，也用"她"或"她们"来指代）的思维和情感过程。在与猫咪的共同生活中我形成了这样的感觉：猫咪的智力大概仅次于人类和灵长类；猫咪在思维、意识、情感，以及与人的关系史上已经拥有 person（当然是 non-human person）的地位。因此，猫咪或者狗、马都应该有户口以及 ID 卡；它们应该有代理人或监护人，立法机构也应该有代表它们说话的政党。

序言二

猫咪的脑器官当然没有人类的高级，但有很大的潜能和可塑性。猫咪和人类的脑在其出生时只是富有潜能的基质，唯有在出生后与其身体（内环

---

* 本节主笔人为邱仁宗。

境）以及环境，尤其是人际环境（外环境）相互作用，脑的潜力才能得到发掘或发展。我们会发现，在不同的环境下，猫咪脑潜能的发育和发展是很不同的。下面我要详细说明，在南方传统木结构、基本开放的房屋内长大的猫咪与现今在封闭的砖墙结构单元房内长大的猫咪，在脑的潜能发挥以及最终在其智力上的表现，是有很大差别的。

我从小在苏州长大，我小学4年级（大概是1940年）搬到护龙街（今人民路）的双林巷居住时，我母亲开始稳定地养猫。我母亲是穷苦人家出身，14岁开始给地主打工。她信佛，平时不大吃荤，每逢阴历初八、十八、二十八就绝对吃素，在心理、精神上有不顺或不祥之感时就要拉我一起去不同的庙宇烧香。在所有动物中，我母亲特别喜欢猫咪。也许她有爱猫基因，这个基因传给了我，并传给了我的两个女儿以及我仅有的一个外孙。那时，我们家住的就是苏州传统的木结构房子，这种房子对人是封闭的，关上大门，外人进不来，但对猫咪则是开放的。苏州潮湿，房子不能封闭太紧，例如要经常开窗，那时还没有纱窗，人出不去，但对猫咪来说，从窗户跳到邻居家的屋顶，或游荡一圈再回家，都不是问题。猫咪可以在不同人家之间往返，去吃百家食，然后决定定居在哪一家；即使定居在某一家，也不妨碍其去另一家玩耍吃饭（吃点心）。砖瓦屋顶则是猫咪的主要集体活动场所，交流经验、交朋友、谈恋爱、性交、大小便、打架等都发生在屋顶。因此，那时猫咪与养猫人待在一起的时间远比如今在封闭单元条件下少，这制约了猫咪脑潜能的发展。下面我将介绍不同时期在我与猫咪之间发生的有趣故事。

老猫

小时候让我印象最深的猫咪是"老猫"，也是我母亲认为最了不起的一只猫咪。老猫本没有名字，后来因为她到我们家后很快就生了小猫，于是用"老猫"这个名字来把她与她的儿女区分开，她的女儿叫"阿白"（全身白色），她的儿子叫"阿灰"（白色底子上有狸灰色斑点）。老猫是"大美猫"，白色底子上有黄色和黑色斑点，鼻子上有一块颜色，这是"压鼠"的象征，表示她是抓鼠能手。苏州人养猫多的一个原因是木结构的房子鼠患不绝。就对付老鼠来说，任何技术、设备都比不上猫咪。老猫和她的后代不愧为杀鼠能手。猫咪抓老鼠也许有基因基础，但是猫咪的捕鼠技术却是猫妈妈们教的。老猫来我们家时已经成年,能够"闻"得出谁是爱猫的人,因此她和我母亲一开始就非常投合,我母亲最喜欢"大美猫"。有些猫咪喜欢用嘴叼着捕获物,向人们展示自己的成就。老猫经常把捕获到的老鼠(家鼠)叼回家展示,得到表扬后就找一个地方把老鼠吃得精光,不留一点儿痕迹。在我的印象中老鼠是很脏的,身上布满跳蚤,但这一点儿也不影响抓它们的猫咪。猫咪从来不会因感染老鼠身上的各种细菌、病毒而得病,这是非常值得研究的地方(还有就是猪,出入甚至生活在污秽之处,到处都是细菌、病毒,吃的也是腐烂食物和泔水,却很少生病)。

我念小学的时候每天几乎没有什么功课要带回家做,所以有充足的时间观察猫咪以及与其交流。那时的苏州,因为没有冰箱,每天早晨都要去菜场买菜,卖菜的都是农民。苏州原本不是工业城市,以文化、园林、书画、诗文、美食而闻名,几乎没有工业污染源,因此几乎很少因在菜场购买肉类、蔬菜而引起食物中毒。母亲喜欢拉我一起采购,菜场嫩绿的色彩以及各种新鲜蔬菜的自然香味令人印象深刻,至今难忘。我母亲要求每天的鱼食必须清晨去菜场购买,那时有专门出售刚捕获的供猫食用的小鱼,用荷叶包裹,称为"猫鱼"。每天"猫鱼"买回来后由我姥姥煮两顿(上午 11 点一顿和下午 4 点一顿),猫食是将猫鱼煮烂后拌以米饭,"猫鱼"要占一大半,要是没有足够的腥味,猫咪就拒绝用餐。猫咪虽然平时在屋顶玩耍,但绝不会错过这两顿喂食的机会。即使每天喂两顿,猫咪仍然觉得不够,所以要积极捕捉老鼠来填饱肚子。猫咪还会去别人家蹭饭。因此,那时我们与猫咪互动的机会远比现在少。猫咪吃饱后要休息,以便消化食物,这时它们一般会在家里躺着,一边梳理皮毛,一边与人玩耍。等梳理好了,猫咪会去屋顶的社交场所玩耍,到人们吃午饭、晚饭时,它们会下来看看人们会不会扔点儿菜给它们吃。在这里我们就可以看到老猫的特点:她会跳到椅子上,然后趴在桌子上,看人们会不会给她点儿东西吃;但从来不会跳到桌子上直接吃人们在饭桌上给她吃的东西,她会示意人们把食物扔到地上,她在地上或置于地上的碟子里吃。而其他猫咪,包括她的子女,会跳到饭桌上吃。晚饭后猫咪一般要出去玩。在我们睡觉前,猫咪会回家和我们玩一会儿,有的喜欢和人一起睡觉,或睡在被子上,或干脆钻进人的被窝。在冬天,猫咪有时会出去大小便或和同伴打闹一阵再钻进我的被窝,我因为爱在被窝里看书,对猫咪的打扰就无所谓了。

猫咪是隐私性很强的动物，经常喜欢藏在一个让人想不到的地方，让人找不着（所谓"藏猫猫"）。其隐私性最强的时候是孕猫分娩之时，即使平时喜欢、信任的人，也不让接近。我母亲一直告诫我不要接近即将分娩的孕猫，但必须将猫咪分娩所需的东西准备好，包括分娩需要用的以及便于母猫照护小猫的纸箱，可以遮掩的中等厚度的棉质小毯子，还有一些猫咪喜欢吃的食物，因为分娩是非常繁重的劳动（政治经济学不将"儿女生产"计入生产劳动，认为其地位低于物质资料生产劳动，这也是性别歧视的根源）。在这个时候我母亲往往心神不定，一定要到孕猫完成分娩才能安心。那个时候，老猫已经非常疲惫，她仍然不允许其他人接近小猫，但我母亲是个例外，在她吃饭补充营养时，她会允许我母亲整理、更换、清扫纸箱里的污物。我母亲对孕猫的照护完全是医院照护产妇的护理水平，她像对待一个人一样照护孕猫。

小猫在刚出生时眼睛是不张开的。过了一段时间，小猫眼睛张开，它们要爬出纸箱，在地上活动。在我们家，纸箱就在床底下，所以小猫开始是在床底下沿着墙活动，老猫会在旁边守着，不允许小猫跑出床的范围。老猫会用一种特殊的叫声来呼唤她的孩子。如果小猫跑远了，她会用这种叫声叫她们回来，如果小猫不听话，她就会把小猫叼回来，叼回来时咬住小猫脖颈那里的毛皮，这样就不会伤害小猫。小猫一感觉到老猫咬自己的脖颈，就会特别乖。这时我趴在地上观看猫咪亲子互动，感到非常有意思。有一次，我爬到床底下观看时发现了新情况：老猫叼了一只不小的老鼠让小猫啃。我清楚地看到老鼠露出了血红的鲜肉和骨头的身体，它是刚被老猫咬死的。小猫在老鼠身上有一口没有一口地啃着。其实，小猫啃不动老鼠的皮肉，但老猫在旁边安详地观察着。不一会儿，小猫玩累了，对老鼠不感兴趣了，老猫就过去把老鼠吃掉，啃个精光。我觉得这是老猫教小猫捕鼠的第一步。过了几天，我再爬到床底下观察，又有了新发现：老猫叼了一只比较小的活的老鼠让小猫玩！两只小猫玩得可高兴了，老猫只是远远地监视她们。老鼠是很聪明的，也就是狡猾的，当小猫咬它时它装死，小猫对"死"老鼠不感兴趣，老鼠就准备开溜。在一旁的老猫见状，就过去把老鼠又使劲咬一下，再让小猫咬着玩，直到小猫玩腻了，她过去把老鼠收拾干净。这场经历使我看到老猫是如何循序渐进地教导小猫捕捉老鼠的。但并不是所有母猫都有此能力或耐心。我家老猫的女儿是一只非常漂亮的全白猫,但是她生完孩子后对孩子不理不管,反而由她母亲即老猫来代她照护,那时老猫也正好在哺乳自己的孩子。

猫咪的个性差异很大,几乎每只猫的偏好、脾气、与同伴和人的关系都不一样,即使是同胞兄弟姐妹,也是如此。我们家的老猫似乎有一套自己的规矩,她总是很爱护其他猫咪(是不是因为她是我们家最年长的猫咪?),很少与其他猫咪打架,与人总是很亲近,招人喜爱,不会干出违反常理的事情,例如因好奇而打碎碗碟、花瓶,或与小孩玩不慎将他们抓伤(那时我们还不知道给猫咪剪指甲)。但她的儿女似乎不讲规矩,阿白、阿灰会在我们吃饭时任意跳上饭桌吃人给的菜,虽然我们一直要求其在地上吃。阿白对她自己生的孩子全然不管;阿灰是只公猫,特别勇敢,有一次叼了一条小蛇回家。这把我母亲吓坏了,她天不怕地不怕,就怕爬虫类。阿白、阿灰后来都失踪了,吃百家饭的猫咪风险高,例如不慎掉入井里而旁边无人搭救,也可能被不喜欢甚至讨厌猫的人虐杀。但老猫是因衰老而去世的。那时我已经到了北京,母亲告诉我老猫衰老时就爱待在我母亲给她准备的猫窝里,不愿意出来活动,吃东西越来越少,终于有一天停止了呼吸。这是我们全家最悲伤的时刻之一!

在苏州,猫咪与你共同生活是你和猫咪相互选择的结果。吃百家饭的猫咪即便经过选择做出了与你共同生活的决策,也随时可能离开你家去别人家,如同雇工可以辞职一样,因此它们是独立的。它们为你抓老鼠,你为它们提供饮食、住宿,好比雇工与雇主的关系。但有一样是不同的,它们与你建立了一种情感上的联系,生活在一起后,人会对它们产生一种感情上的依赖,同样它们也会对人产生一种感情上的依赖,只是它们不能用语言来表达。这种情感上的依赖在砖墙结构内共同生活的人与猫的关系中体现得非常明显。在苏州生活的时候,我母亲和我都把猫咪当人一样对待。

花花

大概在20世纪80年代末期,我被落实了政策,分配了住房,于是把母亲接到了北京，开始了我一生中比较平稳的时期。刚来北京时，母亲要操持家务和照顾我的两个女儿（陈凡和邱瑾），每天都很忙，后来我大女儿陈凡出嫁了，不再住在我们家，不久后又出国深造。陈凡生怕奶奶生活空虚，就从她小姑子那里"借"了一只猫咪来陪伴奶奶，但是这一"借"就再也没有归还。

花花（见图0-1）是一只全白母猫（我母亲更喜欢母猫，认为母猫比公猫更聪明、更可爱），来的时候已经断奶。陈凡丈夫家曾经养过一只可爱的猫咪叫"花花"，从此他们家的猫咪都叫"花花"。花花是一只非常有个性的猫咪，我从她那里学到很多。她的特点是关心人，尤其关爱痛苦的人——她认为比较弱小的人，她认为正处于悲伤中的人。但她的领地欲和妒忌心特别强，不许其他猫咪染指我们家。首先让我吃惊的是，猫咪在发情期对配偶的选择非常严格。在苏州我们不必操心猫咪的择偶，因为它们在屋顶上自行解决，它们在择偶期尖锐和有时凄厉的叫声令人不能入睡，有时我们不得不用竹竿警告它们。英国人养猫也是开放的，我在伦敦的托尼·格雷林（Tony Grayling）和苏珊·威廉姆斯（Susan Williams）家住了两个星期，他们养了一只大公猫，他们只给它吃猫饼干和水，猫咪可以从后门自由出入。格雷林老说，它喜欢出去追"女朋友"。但这只公猫每天都回来，和他们亲热。所以，猫是有情感的动物，与饲养它们的人建立情感关系是所有猫的特点。在家里是我母亲喂花花，一般我们不插手，因此花花对我母亲的感情特别深。我母亲也把她当作"外孙女"来看待。花花第一次发情时，我们决定请顾湲老师帮忙，她家养了一只极为漂亮的波斯公猫。顾湲老师一口答应，并把公猫抱来我家，这只公猫一下子就喜欢上我们家花花了，可是花花看不上这只公猫。没有办法，我们不能勉强两只猫"成婚"。但我们想让这位来相亲的公猫待几天，看看两只猫最后能不能同意"成婚"，因为这只公猫太可爱了。过了两天，还是不行，花花日益消瘦，惨不忍睹。我们就想能不能找住在我们家楼上的蔡大夫养的一只公猫，蔡大夫同意了，我就把花花抱去。奇怪！我们家花花一眼就喜欢上了这只公猫，但这只公猫却不喜欢花花。太难

图 0-1 花花

办了。我只好抱花花回家。后来，发现花花和顾溲老师家的公猫都安静了下来。我们猜想两只猫之间应该达成了妥协，完成了生殖行为。然后，怀孕、分娩，这一切对于我母亲来说都得心应手，提供了最佳产前、围产期、产后的保健。花花生了三只小猫，一只白底黑斑的小公猫因生产时间过长，不幸夭折。另一只有一块斑点的小白猫后来被人要去。最后一只是肚子上有一大块黄狸色斑点的小母猫，我们叫她"咪咪"，后来也送给了心脏病学专家吴宁教授。

花花对于比她弱的人和动物非常好奇，也非常温柔。陈凡在她儿子孙飞飞11个月大的时候，和她丈夫一起把他们儿子带回来让我母亲看。他们将飞飞放在我们家大床的中央。花花急不可待地要上床看她从美国来的"弟弟"（我们一直这样开玩笑说，飞飞后来从美国回来，每次都叫花花"姐姐"，长大后就笑着对我说"姐姐是只猫！"）。但是我们不知道拥有利爪的花花会做出怎么样的举动，所以一直不让她上床。可是你越不让她上床，她就越要上床。趁我们不注意，她跳上了床，我们也暂时观察她会怎样。花花上了床，对飞飞这个婴儿非常好奇，但只在飞飞周围非常小心地观察。我们一看这情形，知道没事，就没有把她赶下床。结果，她乖乖地在飞飞周围躺了下来，俨然一位保卫者。她似乎知道我们的担心，在之后的几天都一直与飞飞保持一定的距离，每次都是好奇地观察这个人类的小动物，并不走近去舔他。

同样有趣的一件事是，有一天打雷，在我们卧室的阳台上飞来了一只躲雨的鸽子，因为雷雨很大，我就悄悄地打开阳台的门，让它进来。在沙发上铺了一块旧浴巾，示意它可以躲在沙发上。鸽子很懂我的意思，果然跳到沙发上修理它的羽毛。过了一会儿，雨过天晴，我打开阳台的门，它就飞走了。不料，第二天早晨，它又飞来了，我打开阳台的门，发现它还带来了它的"女朋友"（我们只是瞎猜），因为我们没有准备，它们就落在门楣上。我们在客厅靠墙的箱子上铺了几张报纸，上面放一些粮食（例如大米粒、小米粒之类），结果它们明白我们的意思，就待在箱子上了。花花对鸽子非常好奇和友好，从不惊动它们。第三天，它们飞走了。过了一会儿，它们不但自己回来了，又带了两个同伴。这一下子把我们弄得很被动。于是，我们又在旁边的箱子上铺上报纸，放了粮食。鸽子很好玩，但它们随地大小便，搞得我们苦不堪言。花花无所谓，觉得很好奇。就这样过了两三天，鸽子们觉得我们的房间过于狭窄，难以展翅飞翔，另外也可能觉得我们准备的"饭菜"过于单调，于是就不辞而别了。从这里来看，鸽子的行为也非常有意思。

花花能够分辨出家里人谁在悲伤，她会去安慰。这种情况最多发生在我母亲身上。我母亲和我老伴起初相处得不太和睦，我老伴（陈元方大夫）满脑袋医疗、教学、研究的事情，家里的事不管，也不怎么和我母亲说话（我老伴也不会说话：有一次医科院宣传部的一位同志给我送文件，我们在吃饭，我老伴对宣传部的同志一句话也没有说，既没有打招呼，也没有寒暄，所以宣传部的同志误以为我老伴高傲，看不起她。其实我老伴心里不知在想什么工作上的事）。因此，我母亲对我老伴有很多误解，唯一表扬她的是每月薪水都交给我。她们之间的对话往往不欢而散。我母亲通常会气得回房间掉眼泪，我去解释也不听。花花知道我母亲在掉眼泪，就依偎在我母亲身边。有一次，婆媳争吵后我老伴觉得我母亲怎么也不了解她，躺在床上哭了，花花就过来安慰我老伴，躺在我老伴身边（平常花花从来不跟她睡）。我老伴一看花花的举动，不禁笑了出来。后来我母亲患了癌症，我老伴千方百计让我母亲得到最好的治疗，最后在协和病房我母亲和我老伴消除了误解，我母亲称赞了我老伴：我母亲理解了一个医生将全部身心投入医学研究是多么重要！

花花一般7点半吃早饭。我母亲一般也是7点半起床。如果不起床，花花会把我母亲叫起来。有一次不知怎的，她7点就要我母亲准备早饭给她吃。她叫我母亲起床，我母亲对她说："现在还不到时间，让我再睡一会儿。"结果她就跳到床上舔我母亲的脸，最后见我母亲仍然闭着眼睛，就想办法把我母亲的眼睛舔开。我母亲对她说："你可真想得出来！那就起来吧。"

花花小时候会学习人的新奇动作。我们买了钢琴，让邱瑾学弹钢琴时，她就非常好奇。她会在钢琴上学习邱瑾的手指动作，左右手（前肢）轮流打击同时移动自己的身体。她像其他所有的猫咪一样，喜欢抓沙发，可是她抓沙发时会看有没有人，如果有人她就会停止。可见，她知道抓沙发是不被允许的。那时，给猫咪吃的零食是小包的鱼干，花花很喜欢吃。她知道鱼干放在冰箱里的某个地方，因为我母亲开冰箱时她已经观察好了。因此，我母亲每次开冰箱取其他食品时，花花就会在我母亲身后，趁她不备（我母亲患有白内障）偷走一包鱼干躲在床下吃。整个过程我都观察到了，但我没有告诉我母亲。我母亲在扫地时发现了鱼干的包装袋，抱怨说："花花什么时候从冰箱里偷鱼干吃了？"

花花有非常强的领地欲和妒忌心。有一次，陈凡和她丈夫的妹妹带来一只刚断奶的小猫抱在床上玩耍，花花非常生气，坚持要上床把小猫赶走。尽管小猫比她小得多，也未对她表示不友好，花花却不断发出"哈、哈、哈"声，还摆出要咬小猫的架势。但被我们制止了，把她赶出了房间。接着发生了一件我们意想不到的事情。

已故协和医院心脏病学专家、曾任协和医院院长的吴宁教授出身于医学世家，她喜欢猫，看中了我们家的"咪咪"，我老伴答应送给她。她丈夫去世后，她拟与原协和医院心脏病学专家黄宛教授结婚，但黄宛不喜欢猫，吴宁就和我老伴商量，是否可以把咪咪送回我们家，我也征求了我母亲的意见，大家心想咪咪本是花花的女儿，回来不是问题，还可以给花花做个伴。谁知道咪咪一进门就遭到花花的突然攻击，咪咪倒地应对。此后花花一见咪咪就猛烈攻击她。咪咪虽然体型比花花大得多，但她似乎依稀觉得花花是她母亲，也有可能是因为她认为在客人家，所以始终保持防御姿态，并不猛烈反击。于是我们只好将全家分成两个部分，吃饭、睡觉都分开，我母亲和花花住一起，我、我老伴和咪咪住一起。偶尔在开放时期花花就会进入我们所住部分，她翻箱倒柜，非要把咪咪找出来不可！这样过了几天，我母亲不能再忍受，于是我们只好请吴宁教授把咪咪领走，送给了一位退休护士。咪咪非常乖巧懂事，只可惜我们没有缘分养她。

花花对我母亲有非常深的感情，我母亲对她也是。自从看见发情期花花如此痛苦，我们就决心给她做绝育手术。手术回来后，我母亲整夜不睡觉地看护她。做了绝育术后，花花身体发胖，从8斤长到10斤。猫咪喜欢占领高地，我们家最高的地方是客厅靠墙角的高柜柜顶。花花喜欢站在电视机顶层（靠墙），由此一跃而上，蹲在高柜子上俯视地面，非常得意。但发胖到10斤的她，面对高柜子就犹豫不决了：她在计算发胖的她能不能像往常那样跳到柜顶上。她考虑了约3分钟，最后决定放弃。这说明了两点：其一，猫咪的决策是理性的，会考虑自己能不能做到，自己拥有的手段能不能使自己达到目的；其二，猫咪有因果思维，会考虑行动的后果。

我们在晚饭后唯一的共同活动是全家在客厅看《新闻联播》或之后的精彩节目（如好看的电影或体育比赛）。这时花花通常躺在我母亲的怀里或腿上，但会不时轮流到其他人的腿上待那么一会儿，表示她公平分配她对大家的关怀，这时每个人都会受宠若惊。更有趣的是，每天到晚上9点半左右，花花一定会叫我母亲回房睡觉，方式是站在我母亲前面朝她喵喵叫，然后往我母亲的房间跑。若我母亲不动，花花会一而再再而三地这样做。我母亲睡下，花花会陪在身边，等我母亲睡着了再回到客厅陪我们看电视。

花花闻得出谁是从苏州来的，只要是苏州来的人，她一概表示欢迎，态度友好，在他们周围绕来绕去。反之，碰到那些不喜欢猫咪的人，她就马上躲起来。她也不喜欢小孩的吵闹声，一旦听见门外有小孩吵闹，就会跑到门口发出"呜、呜、呜"的抗议声。最不可思议的是，有一次苏州来了三位客人（有我母亲的干女儿，还有我姨妈的两个女儿），我母亲喜欢打麻将，她们打麻将打得忘了时间，一直打到凌晨1点多。这使花花非常生气，过了9点半已经破了她的规矩，她好几次跑到我母亲面前叫唤，要我母亲去睡觉。我母亲也好几次对花花说："就完就完。苏州难得来客人，今天让我们多打两圈。"这样对付到凌晨1点半，花花不能忍受了。她先跳到牌桌上咬我母亲的手指，不让我母亲摸牌打牌；我母亲没有理会她，仍然打牌，她就把牌拨弄到地下，她们就把牌从地上捡起来再打。花花见状，索性一屁股坐在牌桌中央，这一招令人猝不及防。她们只好推牌起身，口中念念说："怎么会有这种猫咪，不让人打牌！"花花十分高兴，赶紧陪我母亲睡觉去。

1994年，我母亲查出患有食道癌，经保守治疗后于1998年去世。之后，花花主要跟着我。我们从东单搬到草桥后，花花十分高兴地在楼上楼下跑来跑去。我主要在晚上工作，所以晚饭后她就一直睡在我的计算机旁边，整理皮毛，看我工作，也不捣乱。与小猫不同，成年猫知道人在工作，一般不会捣乱，当然偶尔也会和你闹一会儿，让你可以歇会儿。最重要的是，她不许我工作超过凌晨1点，超过1点她就会坐在我的计算机键盘上。此时，我就会起身关计算机，口中说"好，咱们今天就干到这里！"她就会先行下楼上床睡觉。她还会陪我睡午觉。

花花后来的情况我都写在一封信里了。这封信是她去世后我写给亲友们的：

> 我们怀着悲哀的心情告诉你，我们家一位不寻常的成员——花花，于2003年5月28日2时在北京不幸去世。
>
> 去年年底，我们发现她腹部有个瘤子，可摸起来像是良性的，而且她一如既往地聪明活泼，所以我们没在意。4月21日，我们突然发现她在舔腹部，经我们检查，发现肿瘤长得很大，而且不止一处，两处已有渗出。我们赶紧将她送宠物医院诊疗。医生说，对于一只17岁的母猫来说，它患的可能是乳腺癌，手术或放疗可能会缩短她的寿命。
>
> 于是，我们决定保守治疗。平均一个月换一次药。每次换药，有时可能因为疼痛，她会喵几声，但她老是甩她的尾巴（这是猫咪高兴的表现），舔护士的手，似乎知道自己正在接受治疗，似乎在对医生和护士表示感谢。在此期间，她胃口很好；虽然不像以前那样活动，也不大关心其他事情，但一切还算正常。不过，她对我们更加依恋，睡觉时一定要贴在我们身上。
>
> 5月26日上午，情况开始发生变化。她有时站在地板上发呆，不吃饭，也不大喝水，有时呼吸急促或呼吸困难。5月27日，收到陈凡特地从美国寄来的她最喜欢吃的罐头，她也只吃了一口。这一阶段，我们防止她太累，一直让她在楼上活动。可那天中午，她突然挣扎着自己从楼上走下来，和我们一起睡午觉。晚上我们看电视，她一直躺在床上。我们准备睡觉时，发现她尿床了。她特别爱干净，从来不尿床。我们抱她下来，忙着换床单、垫被。她将肚子贴在地上，后来站起来艰难地呕吐，只吐出一些黏液。后来连续呕吐几次，非常痛苦，大声叫喊三声，随即突然停止了呼吸。时间之快，出乎我们的意料。在去世前，我们护理她的时候，她还不忘甩她的尾巴（她高兴时总是甩尾巴的），好像在表示感谢。这种猝死像是心脏病发作所致，尽管肿瘤转移是确定无疑的。

花花是我们家的有功之臣。她先是代表陈凡、邱瑾（这时她们都在国外）陪伴奶奶，奶奶去世后又代表她们陪伴我们，她给我们带来了欢乐，带来了幸福。她索取的很少，给予我们的却很多。她增进了我们对动物的了解：动物与人一样有思维和感情，而且对与它们亲近的人的感情更真挚、更纯正。而且，它们永远不会背叛你。

今天早晨，我们将她送到宠物医院，葬在医院后面的一块空地上，旁边的树上刻着她的名字。她留下的一些毛发将被葬在苏州，与我们永远在一起。

花花永远活在我们家每一个成员的心中，我们将永远追念她。

那年我的好友陈敏章大夫（原卫生部部长）也逝世了。协和医院允许我单独去他病房和他的遗体告别，我生平第一次哭出声来，但我只哭了一声。这次花花去世，我忍不住大哭了三声。到现在我下笔写几句话时，仍忍不住眼里的泪水和鼻子的酸疼。花花是上天赐给我们家的最好的礼物。

自花花去世后，我就发誓不再养猫，因为我不愿再体验这种刻骨铭心的悲痛了。

豆豆

可是，过了几年，豆豆（见图0-2）和虎妞来到了我们家。我们家的孩子——陈凡和邱瑾都心肠很好。那时邱瑾自己住在北京东三环的华鹏园。华鹏园小区在结构上有一个特点，就是暖气结构暴露在外，这就给了社区猫一个理想住处。爱猫的业主们也在那里给流浪猫搭小小的窝，为猫咪留下食物。业主们吃完晚饭下楼来观看流浪猫和人玩耍，这也是一景。邱瑾先收养了全黑色的咪咪，咪咪特别黏人，可惜后来患了癌症，不治身亡，那是后事，暂且不提。后来，邱瑾有一次下楼看猫，突然一只看来刚断了奶的小猫

图0-2 豆豆

（白色底，身上、头部和尾部有七个大圈，即人们常说的奶牛猫，但花纹像熊猫）朝她走去，要跟她回家。我总觉得，猫咪有一种直觉："你就是我选择的一起生活的人"。于是邱瑾收留了她，她就是"豆豆"。但邱瑾太忙了，于是让我来替她照顾豆豆。

豆豆非常可爱。她有强烈的好奇心，遇到新鲜的事物会观察半天。例如，我们家买了加湿器，当湿气冒出来时她非常好奇，前前后后观察了半天，还用手（前肢）在湿气上来回试。豆豆有很强的自主性，她每天都有自己的计划。多数时候，她在早饭后会在我卧室阳台日本式的猫屋里休息，梳理她的皮毛。除了头部和下巴，每天梳理得干干净净，白色的地方一片雪白。她身体的大部分是白色，有七个圆状斑块，像熊猫一样，头部和尾巴都是墨黑色的。所以，我不同意给猫咪洗澡，除非她有病或她掉入垃圾坑或粪坑里了。我相信，她在舔自己毛时就把保护自己身体的要素涂在身体上了。我睡午觉时她会陪着我，一般躺在我的手臂上，头顶着我的枕头。但也就亲热一会儿，她便跳下床玩去了。晚饭后她躲在卧室对面阳台的纸箱里。我上楼工作，她会在计算机旁陪我。她小时候会在计算机后面把手伸过来，设法敲击键盘。她对计算机屏幕不感兴趣。我在计算机桌旁放了一个可移动的小书柜，上面铺了毛巾，她就躺在上面陪我工作。有时她会过来跟我捣一会儿乱，我也乘势抱抱她、亲亲她。她会满足地继续睡在小书柜上陪我。她也曾不让我工作到太晚，但我有些工作必须连续做下去，她似乎也懂。特别有意思的是，华中科技大学的雷瑞鹏老师在申请课题时，申请书有一部分有六篇外文文献，晚饭后我对豆豆说"姥爷今晚要开夜车！"她似乎听得懂，就跟我上楼，然后躺在小书柜上。我原先估计 12 点就可以做完，结果到第二天清晨 4 点才做完。豆豆硬是陪我工作到清晨 4 点。我做完后对她说了一句"咱们可以下楼睡觉了"，她马上从小书柜上跳下，下楼和我一起睡觉，一般她就躺在被子上。总的来说，她的生活是有规律的，但偶尔会打破一下，她会躲在她的"别墅"里，我也不知道她的"别墅"在哪里。可是，在你不注意时她却突然出现在你眼前。猫咪的自主性与人的类似，甚至比人的更强，因此除了个别情况，一般难以训练猫咪去马戏团表演。在这一点上，猫咪没有狗和马"忠实"，狗和马经过训练后服从于人，也许是因为它们喜欢服从于人，又或许是因为与人有共同之处而服从于人，例如马因为喜欢奔跑而服从于人。但猫咪永远有不同于人的利益。猫咪比大猫（狮子、老虎、豹子）更难驯服。这是一件非常奇怪的事情。猫咪似乎知道有些时候不能听从于人，因为会危及自己的利益。

与自主性相联系的就是隐私观念。猫咪有时喜欢独处，这就是前面我提到的情况，所以会有"藏猫猫"一说。这也是猫与人的共同点之一。豆豆的隐私观念更强，她不会在有人或其他第二者在场时去猫便盆，必须在没有人在场时排便。这与人的情况相像。

像所有猫科动物一样，猫咪有尊严，这在我们家豆豆身上体现得淋漓尽致。即使受到欺压，被人抛弃，她也不会低声下气。她不会欺压弱者，也不会对强者溜须拍马。许多人通过报道了解到猫咪会领养别人家的小猫咪，对人类婴儿也很温柔。但我也看过猫咪不畏强暴与凶恶的鳄鱼搏斗的视频。我们可以看到猫科动物与其他动物斗智斗勇的场面，而我们家豆豆与蝙蝠的搏斗，可以说是猫咪既勇敢又机智的一例。

我们家搬到草桥后，第二层有两个阳台，北阳台封起来存放不穿的衣服和杂物，南阳台是观景的好地方，所以我们没有封起来。草桥那里绿化比较好，树木众多。有一天晚上，一只蝙蝠为躲避雷阵雨飞入了我们家，而且在某个地方筑了窝，哺育出了小蝙蝠。豆豆特别喜欢天上飞的东西。有时蝙蝠不向屋外飞，而是往屋内飞，这是豆豆最兴奋、最激动的时候。蝙蝠误入屋内有点儿慌乱，豆豆向蝙蝠飞翔过的天空猛扑，蝙蝠在慌乱中飞到了一楼，豆豆追到一楼。这样几次之后，蝙蝠在慌乱中被豆豆逮住了。但是蝙蝠很聪敏，一旦被豆豆逮住，就装死不动。蝙蝠不动，豆豆就躺在旁边观察，我乘机捡起蝙蝠将它扔出窗外放生。这种情况发生过五六次，豆豆并不想吃它。对于猫咪来说，世界上的事物分为两类：可吃的和不可吃的；可玩的和不可玩的。我前面提过，猫咪捕捉老鼠需要猫妈妈的训练，住在单元房里的猫咪未经训练不会吃老鼠，你给它一只老鼠，它只会玩弄，不会吃掉。花花在世时，我们在一个金鱼缸里养了五条金鱼。有一天我们回到家，发现五条金鱼都被花花从鱼缸里捞了出来，已经缺氧而死，而花花在旁边观察。她大概在纳闷：刚刚还好好的，怎么捞出来就死了？豆豆为抓蝙蝠奋不顾身地扑向空中，这是很勇敢的；她不停地追逐，蝙蝠疲于奔命，这是很机智的。可见，她是一个天生的聪明猎手！

豆豆往往从我的动作以及我的话中就能知道我要干什么。前一段我忙着请快递员帮我发送书籍，有时不知道快递员来时房门关了没有，因为虎妞喜欢往外跑。等快递员走后我没有见到虎妞，叫她，她也不理我，我上下楼找也不见她的踪影。那时豆豆睡在饭厅猫咪游玩的大架子的圆睡袋里（它靠近暖气，又能照到阳光）。我问豆豆："你知道虎妞在哪里吗？"豆豆就从圆睡袋里出来，走到饭厅地板上。我又问了她一遍。她朝我看看，就拐到卧室暖气旁，朝衣柜里用桌布包好的上衣看。我打开桌布，发现虎妞躺在塑料盒里悠然自得地修理皮毛。豆豆见我找到了虎妞，就回到原处继续睡觉。很明显，豆豆知道虎妞在什么地方，知道我在找虎妞，她从圆睡袋里出来就是引导我去找虎妞。这证明猫咪理解人的语言，并且有回应。还有一件有趣的事情是，豆豆会收集我在摆药时掉在地上（沙发下或茶几下）的药物。我眼睛不好，手指难以控制小小的药丸，经常把药丸掉在地上，一滚就不知道去了哪里。不过，第二天我会发现豆豆把它们聚在了一起，挪到了沙发与茶几之间我看得见的地方。

豆豆与邱瑾和我建立了深厚的感情。每次邱瑾来我们家，她都会提前跑到门口等候。我估计是在邱瑾出电梯门的瞬间，她就听出了邱瑾的脚步声。她俩一见面就要先相互亲嘴。邱瑾善于用猫玩具逗她玩。到现在，我已经养她10年之久，感情最深。她大概每天会和我亲热两次：一次是在我睡午觉时；另一次是我下楼吃饭或睡觉前看电视时，她要到沙发上躺在我的大腿旁。

图 0-3 我和豆豆为陈元方大夫庆贺 89 岁生日

我老伴在家时，或邱瑾回我们家时，她就喜欢躺在我们俩之间。她现在年纪大了，知道我用计算机工作，再也不在计算机旁捣乱，也不叫我去睡觉。但在我工作比较晚时，她会上楼看我，陪我工作，直到我完工下楼。最有意思的是，去年4月一天的午后2点，我在午休时被突然发作的（胆结石引起的）急腹症痛醒，在床上痛得大声嚎叫，豆豆进我卧室（虎妞跟在她后面）睁大眼睛朝我大声喵呜了一声，好像在问："姥爷，你怎么啦？"我赶紧说："姥爷不要紧，我马上去协和。"她才离开卧室。可见猫咪会对人表达关怀。我们过去养的老猫，在心满意足时会发出我们称之为"念经"的呼噜声。但豆豆不会。豆豆的感情主要通过摇尾巴来表达。家里来客人，她知道谁喜欢猫咪，就会跑出来欢迎。协和医院的翟晓梅老师、复旦大学的朱伟老师、《健康报》的李阳老师一来我们家，她就会跑出来表示欢迎。人们抱她，她一般不会拒绝。

豆豆很上相。她的眼睛特别有神。我在感到疲惫不堪时，会因看到她炯炯有神的眼睛而振作起来。

虎妞

虎妞（见图0-4）是邱瑾的另一个宝贝。虎妞的确特别招人喜欢，虎妞的外形就像一只小老虎。她特别黏人。她可能是缅因猫，缅因猫的特点就是黏人、长毛短腿，尾巴特别粗（主要是毛长），平时经常竖起尾巴，像打着招牌一样，身上是虎斑，但是浅黄狸色纹路。虎妞本是亦庄网球训练中心的一只猫咪。网球训练中心的老板养着她。她对所有来打网球的人都友好，是网球场的明星。虎妞和邱瑾一见如故，她喜欢追网球，帮邱瑾把网球捡回来。疫情暴发后，网球训练中心的老板要回郊区老家，把虎妞留在了网球场。那时冬天要来了，邱瑾不忍心她在外漂泊，决定收养她。后来邱瑾实在太忙，所以又将她寄养在我们家。

图 0-4 虎妞

虎妞来我们家的第一关是豆豆能否接受她。我们只好说先试试吧。虎妞一到我们家，就和豆豆对峙、打架，豆豆占上风。过了几天，它们可以和平共处了。过去，她们见面亲嘴后马上开打，现在亲嘴后表示双方都接受。慢慢地，她们相互表示友好，彼此吃对方碗里的食物都能容忍，共享便盆也不成问题。有趣的是，她们不愿在一起吃饭,她们的饭碗之间会有一定距离:豆豆的在饭厅墙角,虎妞的在穿衣镜墙角。她们之间由过去的打架转变为现在的打闹。我有一次发现,从半夜到凌晨是她们打闹最多的时间。从楼下跑到楼上,又从楼上跑到楼下,她们非常高兴。我觉得,同时养两只猫咪对猫咪的身体和精神健康都有好处,主人也可以有更多时间做自己的事情。虎妞与豆豆可能有六七岁的差距,虎妞打不过豆豆,这可能是豆豆接受她的一个原因。另外,也可能因为豆豆的性格比较和善。但她与虎妞从不睡在一起。一般你和虎妞亲热时,豆豆是不会来凑热闹的。但虎妞不管,我和豆豆亲热时她也要凑上来,有时豆豆就让她了。有时当我坐在沙发上看电视时,豆豆在我左边,虎妞在我右边。虎妞因为黏人,所以陪我工作更多,开视频会议或线上讲课,她都要来凑热闹。有时干脆跳到我身上,要我和她亲热。中午和晚上睡觉,虎妞就睡在我的被子上。我对她说:"姥爷要睡觉了,你可以睡在我的被子上,不能凑过来和我亲热。"她似乎听得懂,所以始终老老实实睡在我的被子上。豆豆一般和我亲热一段时间后,会睡在沙发上邱瑾给她们买的两层睡筐内,那边接近暖气。猫咪一般比较怕冷,有一个温暖的家很重要。

虎妞只有3岁多,非常调皮。小猫的调皮惹人喜爱。比方,豆豆睡在椅子上,虎妞原本睡在沙发上,她会跑到豆豆那里用爪打豆豆一下,挑起争端。她也可能是想要豆豆跟她玩。但豆豆经常不理她。有时她回击,则会引起一场追逐,从楼下打到楼上,再从楼上打到楼下。我看到她们友好地打闹,也很开心。

豆豆和虎妞似乎都能听懂我对她们说的话,尤其是一些命令。当然也许她们是从我的声调中辨别出来的。我告诉她们不许做某事时声调比较高,例如我在厨房准备饭食时不许她们进厨房。

她们对一切运动、流动或飞动的东西感兴趣。北京城里现在飞鸟比以前多了,有麻雀、喜鹊以及其他鸟类,豆豆和虎妞经常在卧室阳台上观看各种鸟类自由飞翔,发出欢快的叫声。她们看得非常专注,而且耳朵会随着小鸟的鸣叫声而旋转。

猫咪除了在自主性、隐私、爱干净等方面与人类很相像外,还有饭后洗脸、打哈欠、伸懒腰这些非常有趣的共同点。对这些好像还没有人研究。例如，很少见动物是饭后洗脸的，也许许多人也饭后不洗脸。我尤其感兴趣的是打哈欠、伸懒腰。人为什么要打哈欠、伸懒腰呢？为什么猫咪也要打哈欠、伸懒腰呢？而且，猫咪在打哈欠、伸懒腰后满足的表情与人的几乎完全一样，岂不令人感到奇怪？

结语

我与猫咪相处几十年的经历告诉我：

第一，猫咪是一种陪伴人类的最佳动物（也许狗也一样，但我没有这方面的经验）。猫咪好奇、聪明、调皮，尤其是关心人，也需要人的关心，在与人的互动中充分发挥它们大脑的潜能。然而，不可忽略它们个体之间的差异。例如，我们家豆豆会开门，不会蹲马桶，虎妞就不会开门，也不会蹲马桶。我觉得，凡是你喜欢的猫咪，经常和她进行情感上的互动（必须包括抚摸、拥抱、拍身体等），就会促进猫咪大脑的发育。我想对孩子也是一样的：你爱你的孩子，必须经常抚摸、拥抱他，这种身体上的接触有利于孩子大脑的发育。我与猫咪共同生活的经历，使我认识到猫咪有强烈的自我意识。例如，一觉醒来，如果没有看见豆豆，我会高呼："豆豆，你在哪里？姥爷想你。"她就应声跳到我床上。陈凡告诉我，她的 peanut 也是如此。我呼豆豆，豆豆会来，而虎妞不会来；我呼虎妞，虎妞会来，豆豆就不会来。她们都意识到自己有一个名字。所以，我认为猫咪这种动物，其生物学和道德地位仅次于非人的灵长类，有资格和权利成为一种非人的 person。养猫咪和养狗（以及马）都需要登记注册，领养者要有条件，这些动物都应该享有身份证。

第二，猫咪和狗不应仅仅被视为"宠物"，它们是人类的朋友或伴侣。人类应该更平等地对待它们，应该制定保护猫咪、狗等动物的法律，随意抛弃、虐待它们是一种犯罪行为。立法机构内应该有人民代表为它们争取权益。

插画故事

《樱花树上》

情人节、七夕节过后，总有一些可爱的猫流落街头，只因它们是工具猫——一份"爱"的节日礼物。当浪漫时刻被生活琐碎真相替代，这份礼物就被当作麻烦抛之门外。

2020年情人节后的一天，画家甘念蓉走在回家的路上，听到了窸窸窣窣的声音，原来是一只小猫在埋头啃着什么。她把小猫抱起来，才发现它满嘴泥土，地上一无所有，或许地面上有过什么食物残渣……小猫瘦骨嶙峋，她鼻子一阵发酸。她把小猫送到医院检查，发现小猫肚子里还有其他杂物，应该是饿极了。治疗后，小猫被她带回家了，有了新的名字——"妞妞"。画家为它创作了油画《樱花树上》，这幅画成为画家宣传"爱一生，拒遗弃"的重要作品。

甘念蓉自幼习画，1998年毕业于四川美术学院，在某公办学校授课多年，后定居深圳，是波普猫同理心艺术馆的签约画家、深圳大芬艺术家协会成员、雅昌艺术中心的合作画家。除此之外，她还是深圳猫网最早的一批志愿者之一，负责社区流浪猫的诱捕-绝育-放归（TNR）工作，救助过很多流浪猫。在过去十多年里，她陆续收留了19只流浪猫。

对于甘念蓉来说，猫不仅仅是被救助的对象，更是生命中重要的陪伴者，它们给她带来活力陪伴与绵绵温暖。在深陷抑郁的艰难阶段，是猫和深圳猫网志愿者们让她重获力量。她用绘画毫无保留地表达对猫的爱，赞美猫的个性和美丽，"人""猫""花"融为一体，寄托了无尽的想象与美好，为灰暗的生活打开了色彩之门。

以《樱花树上》为引子，在画家甘念蓉的支持下，波普猫同理心艺术馆全面策划和推出了"樱花树上，一个没有遗弃的世界"计划，邀请关注流浪动物议题的爱心人士和公益组织共同参与，推动动物保护文化的发展。以此为主题的文创猫主食罐头2022年入选第三届"深圳印迹——艺术文创在深圳"，成为首款宣传动物保护主题的深圳特产。

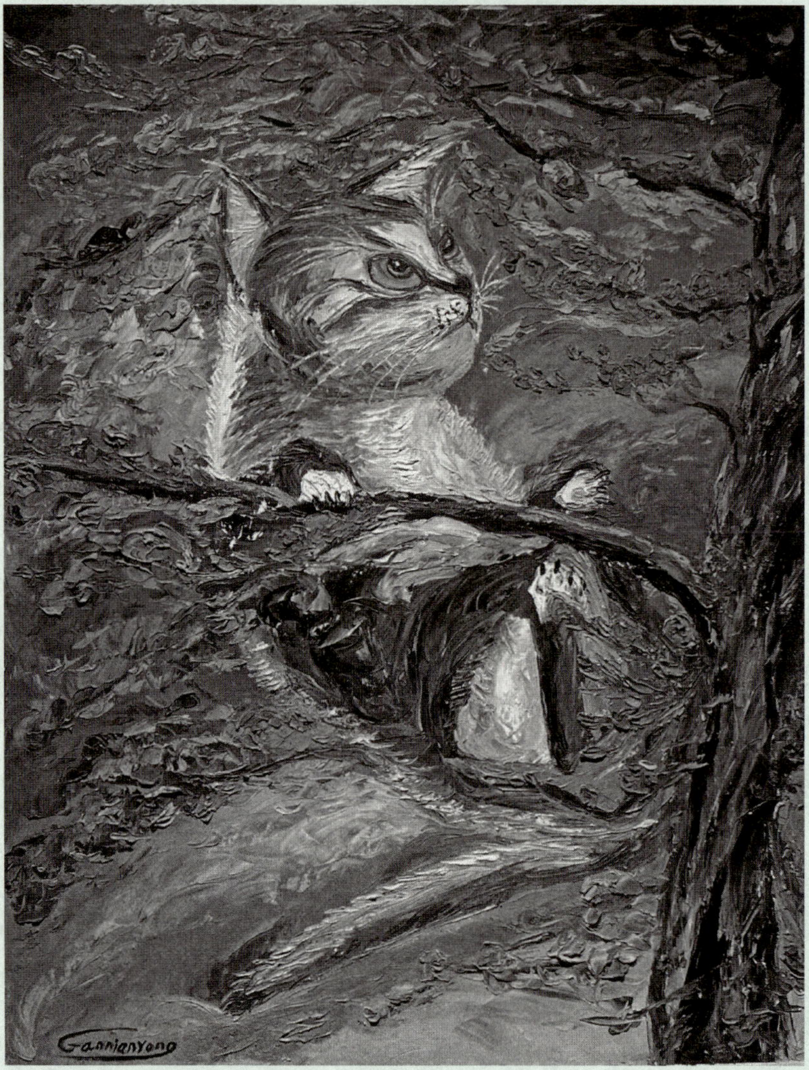
Gannianyong

📝 课堂活动：窗外景观的意义

> 大脑总会优先选择用自身擅长的加工风格来处理信息，在习惯行为的背后是信息处理的惯性模式。我们对一件事、一种情况、一个活动或一个概念的看法和视角，会形成一个又一个不断被采用的假设，这些假设会影响我们的观察。彼得·圣吉（Peter Senge）说："我们的'心智模式'不仅决定我们如何理解世界，而且决定我们如何采取行动"，"有不同心智模式的两个人去观察同一件事，会给出不同的描述，因为他们看见了不同的细节，并且做了不同的解释"。

思考：对于这段话，你有何理解？

_____
_____
_____
_____
_____
_____

带着以上思考，开展以下课堂活动。

步骤1：交流自己在生活中观察到的以下情景：猫看窗外时，注意猫咪神情的变化，包括眼神、耳朵和肌肉的变化等。

步骤2：仔细阅读以下关于窗外景观对室内猫之影响的科学研究：

　　户外的视觉通道：窗户可以提供丰富的视觉刺激，对于室内猫的心理健康非常重要。一项研究发现，提供窗户和适当的室内设施可以增加猫的社交和游戏行为。[1]

减轻压力：室内猫通常比户外猫更容易感受到压力，尤其是在单调乏味的环境中。研究表明，窝在窗户旁边的猫与窝在窗户遥远位置的猫所感受到的压力有显著差异，窝在窗户旁边能够增加猫的幸福感并减轻猫的压力。[2]

跳跃或爬窗的机会：当猫咪在窗户旁边时，它们可能会试图跳上窗台，然后探索窗外的世界。因此，当猫咪可以看到窗外景观时，它们会更有可能尝试跳跃和探索窗外的环境。这可能会促进猫咪的好奇心和探索兴趣，并有助于增加它们的活动量。[3]

提高感知能力：窗户提供了更多的感知刺激，这有助于室内猫更好地适应环境和学习行为，对猫的生理和心理健康会产生很多积极影响。

总之，窗户可以为室内猫提供丰富的刺激，提高它们的幸福感，促进它们的生理、心理健康。窗户不仅能让室内猫感知周围环境，获取视觉新鲜感，还能让其感受到外界的自然景物，从而保持乐观的心态。

步骤3：分组讨论以下问题，并填写表单。

（1）如果你是猫，为什么要看窗外？

---

[1] ELLIS J J, STRYHN H. Exploratory investigation on the impact of visual access to the outdoors on cats' behaviour. Applied animal behaviour science, 2015（173）: 76-83.
[2] HERRON M E, BUFFINGTON C A T. Environmental enrichment for indoor cats. Compendium: continuing education for veterinarians, 2010, 32（9）: E1-E5.
[3] DANTAS L M, DELGADO M M, JOHNSON I, et al. The influence of visual access to the outdoors on the behaviour of indoor cats housed in a shelter. Applied animal behaviour science, 2016（174）: 112-118.

（2）对周围世界的好奇心和探究精神从何而来？

（3）有哪些因素会影响我们对周围世界的兴趣和态度？

（4）猫喜欢看窗外这件事，对你而言有没有什么启发？

（5）通过窗外的景象，我们可以发现什么？

步骤4：从每个小组中选出一名代表，向全班汇报反馈意见。

步骤5：思考从对这个话题的讨论中得到的收获，以及此刻的感受。

步骤6：列出接下来可能想要采取的行动。

主题一

生命之网

- 什么是生命之网?
- 读一首诗:《奇迹》
- 相互依存:同一健康,同一医学,同一世界
- 拓展阅读:詹姆斯·拉伍洛克的《盖娅:地球生命的新视野》
- 插画故事:《圣诞岛的"红色海滩"》
- 课堂活动:朴门永续的同一健康关系图谱

> 我们生活在生命之网中。
>
> 我们的世界丰富多元,每种生命各有价值,相互依存,休戚与共,成长于关系之中。自然界的组成部分之间都存在直接或间接的联系。所有生命对我们来说都(应该)是重要的,它们的繁荣就是我们的繁荣。每个元素都与其他元素拥有共同的利益,同一健康(One Health)是最基本的利益。

什么是生命之网？*

词源学解释

合作被认为是继突变和自然选择之后的第三条进化原则[1]，生产者、消费者和分解者这三类生物与其无机的生活环境一起，构成了一个生态系统。生产者被一级消费者吞食后，将自身的能量传递给一级消费者；一级消费者被捕食后，再将能量传递给二级，二级传递给三级……有机生命死亡后，分解者将它们分解为无机物，把来源于环境的复归于环境。这就是一个生态系统完整的物质和能量流动。

合作允许专门化（specialization），也促进了整个地球令人难以置信的生物多样性。合作形成的相互依存关系，维系了生态系统的完整性。想象有一张网，然后将各种各样彼此有关联的生命放在这张网的节点上，其不断衍生，相互联系，休戚与共，共同构成一张生命之网[2]。

生命之网是极其复杂的连环。在这张网中，任何一种生物的变动都会影响其他生物，因为每一种存在都施力于他物，同时又受力于他物[3]。换句话说，如果你全然不受周围世界的影响，你就会停止存在（Being）。你之所以存在，依靠的是不断从你与该世界的关系中创造你自己，每一个生命体的状况都会对与其具有共生关系的生命体产生影响，共生模式和共生环境是否健康也决定了共生关系中各方的状态。

---

* 本节主笔人为于长江。
[1] 诺瓦克, 海菲尔德. 超级合作者. 龙志勇, 魏薇, 译. 杭州：浙江人民出版社, 2013：5-20.
[2] 苏佩芬, 张媛媛. 学会关怀：同理心与责任感的养成. 北京：科学普及出版社, 2015：10.
[3] 怀特海. 观念的冒险：修订版. 周邦宪, 译. 南京：译林出版社, 2012：131.

我们的生活与生物界息息相关

人，是一种生命，生长在蕴含着无数生命的世界中，与其他生命互联互通，构成了一张多维立体的生命之网。我们高度关注生命（自己的生命、所有其他生物的生命、与生命有关的一切），积极探索生命、认识生命、理解生命，就是理解我们自己，就是理解我们生存的基础。

每个人认知生命的顺序和路径是很不同的，这种差异可能影响我们这方面的取向。比如，菜市场卖活鸡活鱼或超市卖鸡鸭鱼肉，显示有些生物是人类的食物；猫、狗等是常见的宠物，从这里可见动物是人类的伙伴；动物园饲养的各种动物又让我们得以了解各种动物之珍贵；乡村的猪鸡鸭鹅鱼或者牧区的牛羊马驼，更多表明养殖动物是一种产业……我们对植物的认知也是如此，家里的花卉、户外的树木花草、野外的植物或乡村的农作物等，不同的认知路径会影响我们对生物的理解——是为我们所用的资源，还是有趣的玩具，抑或是休戚与共的伙伴？

人是社会性生物，从小生活在社会即人构成的环境中，平时大部分注意力会放到人类自身和人造事物上，而对动植物等生物界的事物经常视而不见，只在特别的情形下才会关注它们。比如，走在街上，我们会关注路边的高楼大厦和商业招牌，但不太会注意穿插其间的树木……尤其是在人造环境占绝大部分的大城市中，就算人工培育了很多绿化植物，它们也只作为点缀和装饰，而不是主体。更不用说动物了，除了个别人带着宠物出来或偶遇一两只街猫之外，很难看到动物的影子。

然而，不管我们是否注意到生物界的其他存在，我们的生活都与生物界息息相关。我们生活中无数的人造物品都来源于生物界。我们随便走进一家大型超市，货架上琳琅满目的多种商品就可能来自各种植物和动物，绝大部分食品、服装、文化用品等，都与动植物有关。比如，超市里以各种方式加工而成的鸡鸭鱼肉和奶制品，都是动物产品；包装各异的米面果蔬，都是植物产品；大量中药材，来自野生植物；毛毯、地毯、羊毛衫是羊毛制成的，丝绸是用蚕丝制成的；皮鞋、皮衣、皮毛、皮带、皮质沙发，如果是真皮的，就来自牛羊猪等动物皮革；所有木制家具，都取材自树木；各种书籍和纸制品，都来自木材；等等。

生物界与我们人类的关系，并不只在动物园、宠物店、马戏团和郊野公园里，而是遍布于我们日常生活、工作、娱乐的方方面面。我们人类生活的方方面面都跟其他生物有关联。在古代，人类与动植物等生物的联系很多。在乡土社会，除了农作物之外，传统农村用牛耕地、马骑行、狗看家、猫捉鼠……各种动物与人类形成一种分工协作、各司其责的关系。进入现代社会，这种人类与动植物和谐共生的场景似乎不多了。但这并不是说人类与自然之关系的绝对值就变小了，相反，随着人类生产力的提升和科学技术的进步，对动植物资源的加工利用能力大幅提升，人类与动植物的联系反而更多更深入了。随着人类对各种动植物资源的利用方式越来越多，相应地，动植物的人工养殖、捕捞和种植规模也越来越大，范围越来越广，远远超出传统自然经济下的数量和质量，只是由于专业化分工的发展，这些动植物在人们日常生活中变得更为隐形。

人类与动植物的这种关系，更多是"利用"的关系，人类把生物界当作了一种"资源"。在这种情形下，人类一般不太关心动植物作为"生命"的意义——但问题在于，这些动植物首先是生命，最重要的特征和属性就是"有生命"，而生命又是我们至今没有了解透彻的现象，包括我们人类自己在内，生命的绝大部分奥妙还是处于未知状态。那么，在不明就里的情形下，大规模的开发利用会不会导致什么问题？是不是已经导致了什么问题？人类历史上和现实中的某些问题与灾难，是不是与这种对生命的片面开发利用有关？这些是近几十年来，全世界发达国家和地区的一些重要思想家开始关注与探讨的议题。

我们认知的"万物之灵长"

尽管人类与动植物等生物关系密切，但不得不说，迄今为止，我们对"生命"的认知还是非常有限，有一些日常遇到的有关身体、疾病、健康方面的状况，仍然无法解释。人类自远古以来，就开始从不同角度理解生命、生命体和生物界，形成了很多不同的知识体系和思想信念，这些对生命的理解构成了世界各地区各民族的各种社会赖以运行和演进的重要基础。

在古代，人类没有现代科学思维和研究方法，凭借直觉感悟，不断对

"生命"进行提问和回答,产生了丰富多彩的关于生命的想法和信念。比如,很多古代文明都形成了"万物有灵"(animism,亦称"泛灵论""泛神论")的思想,那是当时的人类对于今天称之为"生命"现象的一种理解。他们认为世间万事万物,包括飞禽走兽、天地山川、草木土石、风霜雨雪等各种自然事物,之所以能自己"动"起来,都是因为它们蕴含着某种"灵性"或"活性"(anima),都可能包含一种类似于人类"意识"和"意愿"的东西,都可能是一种神灵的化身。

这种思维,经过几千年的发展、演进,至今还存在于形形色色的民间信仰中。比如,有人相信,某些飞禽走兽或树木花草甚至土石器物,经过"修炼"可以"成精",获得像人一样的形象、举止和主体意识;有人相信,一些自然界的山川湖海蕴含着某种对应的"神灵",土地有土地神,河有河神,山有山神,这些所谓的"神"与山川土石既是"管理"关系,也是支配关系,但不是今天行政部门的这种"人"对"物"的"管理",而是类似于"意识"对"身体"的支配,二者是融为一体、贯通表里的。在很多流传至今的神话中,可能某座大山就是山神的化身,山上的积雪被说成女神的长发,湖泊被看作仙女的眼泪,河水上涨被理解为河神带来的财运或惩罚,等等。

古人除了认为大地上有各种"神灵"之外,也认为天空中的日月星辰都是某种有意识有人格的活的存在物。东西方都有太阳神、月神等说法,星星更是被赋予了丰富含义,而有些古代文明甚至把抽象的"黎明""黑夜""春""冬"等时间和季节概念,也变成具有某种"灵性"的存在,分别有不同的神祇作为代表。直到现在,一些国际品牌还会采用黎明神(Eos)、胜利神(Nike)、海妖(Siren)、月桂神(Daphne)等名字。

古人这种拟人化的"有灵"认知,在基本分类方面与今天的"生命"或"生物界"概念存在差别,这种"有灵"与"无灵"的划分,并不等同于今天生物学意义上的"生命"与"非生命"的划分方式和二元体系。古人并不是从生命有机体的物质状态角度来理解生命的,而是直接从生命最神奇的部分即"灵"——感知和意识——的角度,把所有自主生长和活动的主体都视为可能具有一种生命特征。这种思维把人类之外的自然界的各种事物都统一在一个更广义的"活性"的解释体系中。这个体系不像今天一样划分"生命"与"非生命",而是把山水土石这些今天被我们视为无生命的事物与有生命的事物贯通起来进行归纳、分类。这种思想来自当时人类对生命现象的理解,包括对人类自身感知的自觉领悟。

这些古代认知,往往是以神话、童话的形式保留到现在的,我们每个人都或多或少听到过类似的神话传说。但需要指出的是,这些故事在古代并不是为了娱乐消遣而被创作的,而是人们严肃的认知和信仰,其包含的众多规范和禁忌的原则具有神圣性,构成人们日常生活、生产的基础规则。比如,古人对山神、河神的尊重,使人们不会竭泽而渔,也不会污染水系;古人对门神、屋神、灶神的敬畏,使人们在日常居家生活的吃穿用度方面谨慎行事,互敬互爱,和谐自律。

人类对生命现象的古老认知,反映了古代人类对生命有与今人不同的理解,它未必仅仅代表"原始"和"初级",也体现了人类早期在未经后来各种社会文化堆积沉淀影响的情况下,在认知和思维上的某种直觉的领悟与洞察。

在漫长的历史中,人类对天地万物的认知一直在不断更新,不断修正,经常呈现出一种螺旋式上升的状态。比如,这些泛活性论一度被现代生物学和进化论等学说否定与替代。但随着人类科学的发展,人类对自然界的各种复杂性有了进一步的认识;随着生物学、生命科学、现代物理学等领域的不断探索,人类的有些看法又有了新的变化。比如,量子力学的研究打破了很多经典的科学信念,人们又开始反思"科学"本身的局限性。面对宇宙万物无限的多样性和复杂性,我们已知的永远是很少的一部分,更多的未知应该被纳入我们对自然和人类生存状态的考虑中。我们在决策和行动时,要为继续探索留余地,为认知留白,为后代留回旋空间。

人类古老的生命认知中有一个非常重要的理念,就是生命之间的广泛联系和贯通。"活性"或者"灵"这种开放性的概念,就意味着我们已知的生命或称生物界存在着广泛的关联和互动,各种生命存在形式之间,就像社会上人与人之间一样,是互相对话、互动、博弈和策应的,是相关相通的。不管具体用什么名称或术语称呼这种关联性,生命内在的属性——灵、活性、调节、代谢、繁殖、演化——都是在互相影响、互相依赖中存在的。现代生物学也证明了，生物之间存在着广泛的共生共荣关系，比如蜜蜂传播花粉、蔓藤植物依附于乔木、菌菌共生而形成的地衣，等等，不胜枚举。事实上，今天所谓的生物界和无生命界，也不是泾渭分明的，假如从生态角度看，也是一种广义的"共生"关系，比如动植物或微生物对土壤的改造，又反过来使土壤更适合植物生长等。

在某种程度上，古老神话思维具有超越今天某些固化概念的优势，其综合和贯通的特点，也可以为我们今天的思考带来很多启发。很多古老信念，与今天生物学对生命的认知也有共同之处。目前生命研究已经深入分子层次，像基因和病毒等形态就体现出生命与非生命之间的某种状态，证明了物理化学现象与生命原理的共通性。另外，从已知地球生命史的角度看，如今生生不息的生命现象和整个生物圈，也是源自几十亿年前无生命状态下的某些物理化学反应，造成无机物转化成有机物分子，进而生成有机多分子体系，生成原始的生命体。

有些科学家走得更远，认为生命本身也存在"有机生命"和"无机生命"两种形式，在有机生命出现之前，也存在过无机生命。当代量子力学基于"量子纠缠"而发展出来的生命假说，更是对传统生物学的全新拓展，十分引人入胜……这些假说，或许只是未经证实的猜想，看似跟科幻难以区分，但作为对未知世界的探讨，仍然对我们认识生命与无生命具有重要的启发意义。

人类总是不可避免地以自己为中心来理解世界，这是我们的局限性。现代技术还不能让我们真正"设身处地"地超越我们的肉身，变成另一个人或另一种生命体，从另一个意识和自我的角度去体会与原来的"我"不同的"主观"感受。所以，我们从出生、记事到此时此刻，都只能以自己为中心来看世界，我们从来无法变成别人，无法真正变成另一个人或另一种生命主体去感知这个世界。别人或别的生物到底是什么感受，我们只能猜测，只能想象。所谓"庄周梦蝶"，只是哲学家思辨中的表达，现实中没有人能够真正体验到。

以人类的视角去理解其他生命与非生命，并不是说我们一定是"人类中心主义者"。人类的自觉性决定了我们具有一种试图跳出狭隘的人类局限，尽量从更宽泛、更多样的角度去理解生命和各种存在物的愿望。作为人类，我们要力图超越人类的视角，努力从其他生物、生命甚至非生命的视角来看待和对待世间万事万物，这样才能配得上"万物之灵长"这个美好的称号。

读一首诗：

《奇迹》

白　鸦

在下午 3 点 41 分的理解中，奇迹，是一瓶香水的名字
在下午 3 点 42 分的理解中，ONLY，是一条印满灰色格子的女式裤子

——题记

你应该想到草，在另一种地方
辽阔的草，对体格小的动物来说过于茂盛

你应该想到龟群迁徙，雷声包围它们
这是一次乱哄哄的行动
在这次反复的行动中
两只龟，可能不止一次相遇

你应该想到一只鸟在空气中打盹

而它的下方

一只远足的螃蟹仍在奔跑,被太阳晒红

它心中的期望已抵达山顶

雨季之前它将剩下壳

背面是红色

里面是白色,一种钙质的颜色

天黑之际,你应该想到野牛群

它们奔跑得很快

尘土掀到天上,而天很低

没有火光的草原,笛声从结冰的地方传来

你应该想到焚烧掉的时间

如果途经锈迹斑斑的寨子

乱石堆在水上,你应该想到灰蒙蒙的白鹳

不要说话,用余光找它红色的长腿

坐下来,休息一会儿

想想千里之外的雨林中

正重复着盛大的繁衍

相互依存：同一健康，同一医学，同一世界

> 所有真实的或现实的关系都是审美关系。美不是由形式上的和谐构成的，而是一种内在和谐的体现，是生命力和创造潜力得到最大发挥的体现，是个体与其环境共生共荣的一种最佳状态。
>
> ——怀特海

我国著名科学家钱学森院士提出开放复杂巨系统理论[1]：(1) 开放性——系统对象及其子系统与环境之间有物质、能量、信息的交换；(2) 复杂性——系统中子系统的种类繁多，子系统之间存在多种形式、多种层次的交互作用；(3) 进化与涌现性——系统中子系统或基本单元之间的交互作用，从整体上演化、进化出一些独特的、新的性质，如通过自组织方式形成某种模式；(4) 层次性——系统各要素在系统结构和功能上表现出的多层次状态的特征；(5) 巨量性——数目极其巨大。他指出社会系统是一个开放复杂巨系统。除此之外，还有人脑系统、人体系统、地理系统、生态系统、宇宙系统、历史（即过去的社会）系统、常温核聚变系统等，都是开放复杂巨系统。

作为开放复杂巨系统的人体也被称为超个体，在人类肠道内和皮肤上生活着数以万亿计的微生物，包括细菌、真菌和病毒等。你能想象肠道微生物和皮肤微生物可以与免疫系统交流并塑造免疫系统吗？

人如果在婴儿期暴露于抗生素环境，肠道微生物群受到影响，就会增加在成年期过敏、哮喘和患自身免疫性疾病（包括腹腔疾病和炎症性肠病）的风险。一项研究首次揭示了生命早期肠道微生物与胸腺免疫系统分化之间的关联[2]，浆细胞样树突状细胞（pDC）被肠道微生物触发募集，pDC携带着微生物抗原（microbial antigen）一路从结肠迁移到胸腺，再通过影响早幼粒细

---

[1] 钱学森, 于景元, 戴汝为. 一个科学新领域：开放的复杂巨系统及其方法论. 自然杂志, 1990 (1): 3-10, 64.
[2] ENNAMORATI M, VASUDEVAN C, CLERKIN K, et al. Intestinal microbes influence development of thymic lymphocytes in early life. Proceedings of the national academy of sciences, 2020, 117 (5): 2570-2578.

胞白血病锌指蛋白抗体（PLZF）因子[1]来调节胸腺分化不同的淋巴细胞，这些细胞与黏膜耐受性有关，通常在肠道黏膜屏障界面起作用，并在黏膜部位提供免疫保护。

另一项针对癌症患者的研究分析成为首个人体肠道微生物与免疫系统的实证研究，明确了患者血液中不同类型免疫细胞浓度的改变与肠道中不同菌群的存在直接相关[2]。抗生素有破坏肠道中健康菌群的副作用，从而让危险的菌群占据主导地位。研究人员停止使用抗生素，肠道菌群就会缓慢恢复生长。此外，还有研究报告指出，皮肤微生物群是伤口愈合过程中的关键组成部分，在此过程中，细菌 DNA 与 CXCL10 形成复合物活化 pDC 产生大量 I 型干扰素，进而诱导早期伤口修复反应的发生[3]。

肠道拥有独立于大脑的复杂神经系统，其神经元的数量远远超过脊髓和外周神经系统。早在 20 世纪末，美国哥伦比亚大学神经学家迈克·格尔雄（Michael Gershon）教授就提出肠管、肠道神经系统和肠道微生物形成了人体的第二大脑——肠脑。肠道菌是"生产多种神经活性物质的小工厂"。芽孢杆菌能产生多巴胺、去甲肾上腺素，双歧杆菌能产生 γ-胺基丁酸（GABA），肠球菌能产生 5-羟色胺，埃希氏菌属能产生去甲肾上腺素、5-羟色胺，乳酸菌能产生乙酰胆碱、GABA，链球菌能产生 5-羟色胺等。肠脑负责向头脑递送所需绝大部分的 5-羟色胺和约一半的多巴胺。如果肠道传递的这些物质减少，信息传递就会减少。如果将迷走神经切断，动物的很多本能行为就会消失。

肠道菌群正是通过免疫、神经内分泌和迷走神经所构成的肠-脑轴来影响脑和情绪行为。美国芝加哥拉什医学院胃肠病营养与研究中心的一项研究表明，儿童孤独症、老人痴呆等与肠道菌群有重要关系。研究发现，当人体

---

[1] 早幼粒细胞白血病锌指蛋白抗体（PLZF）是一个转录抑制蛋白，也是一个表观遗传调节分子。PLZF 被认为可作用于造血干细胞静止调控，维持精子形成，并调节不同自然杀伤细胞群的分化。

[2] SCHLUTER J, PELED J U, TAYLOR B P, et al. The gut microbiota is associated with immune cell dynamics in humans. Nature, 2020, 588（7837）: 303-307.

[3] DI DOMIZIO J, BELKHODJA C, CHENUET P, et al. The commensal skin microbiota triggers type I IFN—dependent innate repair responses in injured skin. Nature immunology, 2020, 21（9）: 1034-1045.

肠道菌群里的一种芽孢杆菌数量占优势时,芽孢杆菌产生的神经毒素会造成腹泻或对神经的侵害,儿童孤独症与此有直接关系。新近的科学研究发现,平衡肠道菌群可能是治疗应激相关精神疾病特别是抑郁症的潜在有效方法。

针对动物的研究也提供了相似证据。一些动物有食粪行为,包括取食自己(物种和个体)的粪便和其他动物(物种和个体)的粪便,除了可以增强对营养物质的重吸收,还可以获得必需的氨基酸、维生素B、维生素K等,以及帮助获取必要的肠道菌群,保持肠道菌群的多样性和功能。一项针对野生啮齿动物布氏田鼠(Lasiopodomys brandtii)的研究发现:限制食粪行为会引起布氏田鼠记忆和认知水平的下降,给这些限制食粪行为的动物补充乙酸盐(一种肠道菌群的主要代谢产物),发现乙酸盐可明显改善布氏田鼠因限制食粪行为而产生的认知障碍,其下丘脑和海马体中神经递质的含量也随之增加。研究者认为,肠道菌群的平衡与认知水平有关[1]。

> 整合医学(Holistic Integrative Medicine,HIM),是将医学各领域最先进的理论知识和各专科最有效的临床实践加以有机整合,以人体全身状况为根本,并根据社会、环境、心理的现实进行整合,使之成为更加符合人体健康和疾病诊疗的新的医学体系。

整合医学的研究和实践正在蓬勃发展。越来越多的研究表明:人们的内在状态(情绪、心理态度、意象以及倾向)在引发疾病和疗愈身体方面都起着关键作用。人类交往活动涉及的所有重大的主体间(intersubjective)要素,如医生与病人之间的交流,家人、朋友对待疾病的态度及其向病人传达这一态度的方式,社会文化如何看待某种具体的疾病(是关怀和同情,还是嘲笑和蔑视),以及疾病本身所威胁到的文化价值等,都会深刻影响个体对待疾病的方式[2]。

---

[1] BO T B, ZHANG X Y, KOHL K D, et al. Coprophagy prevention alters microbiome, metabolism, neurochemistry, and cognitive behavior in a small mammal. The ISME journal, 2020, 14(10):2625-2645.
[2] 威尔伯. 全观的视野:肯·威尔伯整合方法指导. 王行坤,译. 北京:同心出版社, 2013:85.

在生态系统中，人们对待动物的态度，以及更广泛的社会文化，也对生态健康产生着巨大的影响。事实上，所有事物都直接或间接地依赖光和水，植物、动物和环境之间都相互关联。人们更倾向于依赖动物、植物和环境，而植物和野生动物通常并不依赖人类。

人们对待昆虫的态度是复杂的。蜜蜂（见图1-1）是生命之网中一个常见的物种，蜜蜂的花粉食谱是任何已知传粉媒介中最大的。如果没有蜜蜂授粉，自然界中约4万种植物的繁育会遇到困难，甚至会濒临灭绝。蜜蜂授粉贡献了全球35%的农作物产值，全世界115种主要农作物中有87种依赖蜜蜂授粉[1]。

图1-1 蜜蜂

2022年7月，韩国大约78亿只蜜蜂集体"消失"，给当地造成巨额损失[2]。这并非特例。20世纪70年代前后，蜜蜂消失现象在欧美许多地区频发，仅仅30多年时间，美国野生蜜蜂种群几乎消失殆尽，这种现象被命名为"蜂群崩溃综合征"（Colony Collapse Disorder，CCD）。这引起了美国许多科学家的高度重视，经大规模排查后，研究人员于2007年发现，如果在一个蜂群中检测到了一种名为以色列急性麻痹病毒（IAPV）的昆虫病毒，那么这个群蜂就有96%的概率发生CCD。蜜蜂可能是在免疫力低下时感染了IAPV

---

[1] The Food and Agriculture Organization. The importance of bees and other pollinators for food and agriculture. [EB/OL]. [20220202]www.fao.org/3/i9527en/i9527en.pdf.
[2] BENSON E. Don't worry, bee happy: bees found to have emotions and moods. (2016-09-29) [2023-05-25]. https://www.newscientist.com/article/2107546-dont-worry-bee-happy-bees-found-to-have-emotions-and-moods/.

病毒①。

蜂群压力是导致免疫力低下的原因。是的,蜜蜂也有压力。

蜂群压力源包括:缺乏作为花蜜和花粉来源的植物导致的营养不良,为单一营养价值不高的作物授粉,蜂群过度拥挤,污染,生境②破坏,栖息地破碎化,被重复长距离运输,暴露于杀虫剂和寄生虫,手机通信设施的增加对蜜蜂导航能力的潜在干扰等。③

蜜蜂也怕热。蜜蜂生存的适宜温度为15℃~25℃。在高温天气,蜜蜂会停止采蜜,持续采水和扇风降温会使蜜蜂消耗大量能量,不仅影响蜜蜂食物供给和幼虫哺育,还容易引发病虫害,导致蜜蜂大量死亡。除此之外,持续高温天气对蜜源也有影响,当室外气温超过35℃时,蜜源植物水分蒸发就会加大,从而导致花蜜减少。

蜜蜂数量的锐减,让生态学家们担忧。这种担忧超越了生态学家的圈子。CCD不仅威胁到提供授粉服务和蜂蜜生产的养蜂业,而且影响依赖蜜蜂授粉的农作物生产,导致人类面临大规模食物短缺的危机。

在生态系统中,生产者,主要是绿色植物,能通过光合作用将无机物合成有机物;消费者,主要指动物(人当然也被包括在内)。有的动物直接以植物为生,叫作一级消费者,比如羚羊;有的动物则以植食动物为生,叫作二级消费者;还有动物捕食小型肉食动物,被称为三级消费者。至于人,则是杂食动物。

化学家泰勒·米勒(Tyler Miller)发现,"如果一个人每年吃掉300条鳟鱼,则鳟鱼要吃9万只青蛙,青蛙则要吃2 700万只蚂蚱,

---

① COX-FOSTER D L, CONLAN S, HOLMES E C, et al. A metagenomic survey of microbes in honey bee colony collapse disorder. Science, 2007, 318 (5848): 283-287.
② 生境(habitat),又称栖息地,指生物的个体、种群或群落生活地域的环境,包括必需的生存条件和其他对生物起作用的生态因素。
③ HOOD M. Colony collapse disorder. (2021-05-20)[2023-05-25]. www.britannica.com/science/colony-collapse-disorder.

蚂蚱需要吃1 000吨草"[①]。

植物更被誉为"静悄悄的大型水泵"。生物圈植物叶片的蒸腾作用有助于为地球降温。斯坦福大学卡内基科学研究所气候学家肯·卡尔德拉（Ken Caldeira）的研究团队发现，植物气孔在二氧化碳浓度升高时开放较少，从而触发温度和水循环的变化。如果没有了植物，世界不但会逐渐干燥，还会很快炎热起来，因为没有了活着的植物，泵吸过程就会停止，降水量会在一周内减少。

在世界上的一些地区，这种影响可能会显著得多。比如，亚马孙河流域就严重依赖植物释放的水蒸气来保持降水。德国马普学会生物地球化学研究所的地球科学家阿克塞尔·克莱登（Axel Kleidon）说，失去植物后，这样的区域会急剧升温，升幅可达8℃。

气候变化会改变病毒和宿主的分布，缩短病原体的潜伏期，提高病原体的繁殖率、致病力和侵袭力，带来传染病的暴发或流行。气温升高是气候变化的显著特征，会增大食品在制备、运输、储存和销售过程中被病原体污染的可能性，这意味着食源性疾病的暴发或流行。

然而，亚马孙雨林正持续地被破坏，最主要的原因是清理场地，建立养牛场。随着全球肉类消费越来越多，拉丁美洲地区森林砍伐的步伐进一步加快。自1990年以来，巴西的森林面积减少了大约10%。当超过25%的原始森林覆盖面积消失时，人类及牲畜更有可能遇到野生动物，有些接触可能会增加疾病传播的风险。

气候变化、平流层臭氧损耗、生物多样性损失、水文系统和淡水供应的变化以及土地退化等大规模全球环境危害持续发生，不仅仅给食品生产系统造成压力，更是危害人类健康和加大传染病传播的重要原因。

人类发展史就是一部人类同传染病做斗争的历史。

---

① 里夫金. 第三次工业革命：新经济模式如何改变世界. 张体伟，孙豫宁，译. 北京：中信出版社，2012：209.

新发传染病（Emerging Infectious Diseases，EIDs）是由各种病原体引起的，包括细菌、寄生虫、真菌和病毒，约 75% 的 EIDs 是人兽共患病（zoonosis），即由动物自然传播给人类的传染病[1]。与生物恐怖主义有关的 80% 的病原体源自动物。新型冠状病毒已成为人类历史上传播与危害最为严重的人畜共患传染病病种之一。

为了抵抗疾病而发明的抗生素面临着耐药性问题。抗生素耐药性（AMR）是一个严重的全球健康问题，影响着人类、动物的健康和环境卫生。低收入和高收入国家都面临着显著的抗生素耐药性威胁，抗生素耐药性涉及人类健康、动物卫生、农业等诸多领域。2019 年，有 127 万人直接死于抗生素耐药性，495 万人的死亡与抗生素耐药性感染有关。2019 年，仅一种细菌-药物组合（耐甲氧西林金葡菌）就直接导致了超过 10 万人死亡。

与此同时，全球范围内依旧存在饥馑，每晚约有 8.11 亿人饿着肚子上床睡觉。到 2050 年，将需要超过 70% 的额外动物蛋白来养活世界上的人。与此同时，全球超过 20% 的动物生产损失与动物疾病有关[2]。动物疾病对依赖畜牧生产的农村社区的收入构成直接威胁。在每天生活费不足 2 美元的 10 亿人中，超过 75% 的人依靠自给自足的农业和牲畜饲养生存。

饲养动物作为食物或材料在人类的生产、生活中占重要地位，许多重要的人兽共患病与食品生产链中的动物存在一定的关联。食用动物及其制品（比如牛奶、鸡蛋）成为新发人兽共患病病原体的最大储存宿主；并且，在动物治疗和促生长方面增加了抗生素的使用量，这从另一个角度增加了耐药细菌的产生。皮毛动物养殖业也存在同样的问题，不仅如此，皮毛动物也是不容忽视的病毒"蓄水池"。

随着全球化进程的不断推进，人、动物、植物与自然环境的关系正在一些因素的介入下发生改变。影响人类健康的因素很多，如图 1-2 所示。人口正在增长并扩展到新的地理区域。因此，越来越多的人与野生动物和家养动物（家畜和宠物）密切接触。动物在我们的生活中扮演着重要的角色。人与

---

[1] MACKENZIE J S, JEGGO M, DASZAK P, et al. 同一健康与新发传染病. 陆家海，郝元涛，译. 北京：人民卫生出版社，2019：88-89.

[2] 同①.

动物及其环境的密切接触增加了疾病在人与动物之间的传播，同时，国际旅行与贸易增加了人、动物和动物产品的流动。

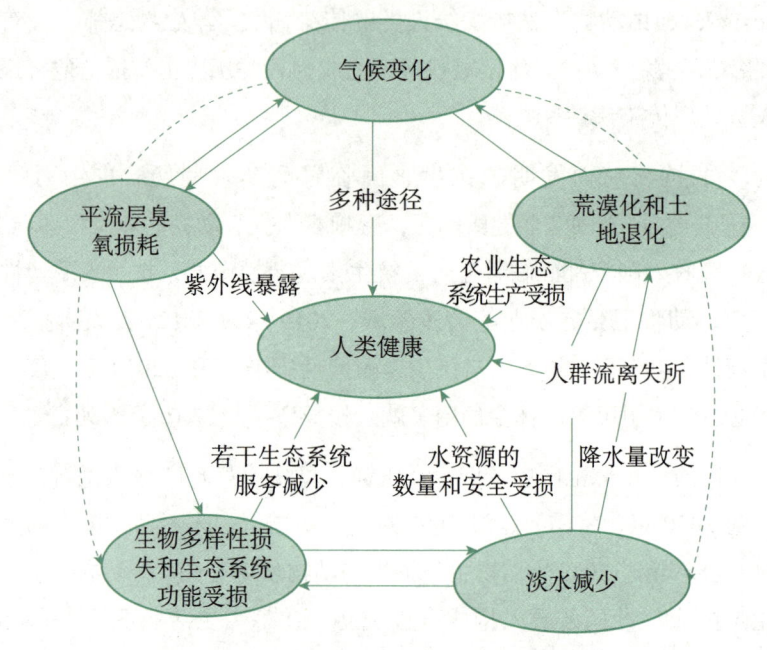

图 1-2　影响人类健康的相关因素

身处生命之网中，人们总能感受到压力，生态危机正演变为生活世界中深深的无休止的背景焦虑，心理健康、生理健康以及生殖健康都深受其影响。"在困境中，发明是必然。"①

任何一个单独的学科和机构都无法解决当前复杂的公共卫生问题，同一健康无疑是 21 世纪最具影响力的策略创新。

> 同一健康：倡导跨学科、跨部门、跨地区的合作与交流，通过整合多学科、多部门、多地区的资源来保障人类、动物和环境健康。

---

① 理查德·弗兰克（Richard Franck）在其 1658 年发表的著作《北方记忆：计算苏格兰子午线》（*Northern Memoirs, Calculated for the Meridian of Scotland*）中写道："艺术如大自然，而需要乃发明之母"（Art is the daughter of Nature; Necessity is the mother of invention）。这后来成为一句广为流传的英语谚语和格言。它表达了一个普遍的信念，即人们在面对困境和问题时会寻找创新的解决方案与方法，从而推动科技和社会进步。

"同一健康"概念可追溯到19世纪晚期。德国病理学家鲁道夫·魏尔肖（Rudolf Virchow）①在德国植物学家施莱登（Schleiden）、动物学家施旺（Schwann）的细胞学说的影响下，系统论述了细胞病理学理论，极大地推动了病理学的发展。魏尔肖对动物寄生虫，特别是旋毛虫的兴趣与对肉类检验的兴趣紧密连接。与此同时，刘易斯·巴斯德（Louis Pasteur）②和罗伯特·科赫（Robert Koch）③开创了微生物领域。微生物可在人类和动物体内以及环境宿主中传播，这些平行的人类和动物微生物病原体的发现，使魏尔肖产生了人类和动物疾病之间存在联系的想法，他称之为人兽共患病。因为他的这些贡献，许多人将他视为比较病理学的创始人。

那一时期，微生物理论和动物实验的兴起使比较医学成为大家最感兴趣的领域，所有杰出的细菌学者、生理学家，还有大部分的病理学家，都在和动物打交道。受到魏尔肖人兽共患病理论的影响，威廉·奥斯勒（William Osler）④在麦吉尔大学教授医学生的同时还在蒙特利尔兽医学院教授兽医学生。1878年，奥斯勒的第一个医学报告是在纽约病理学学会宣读的《关于所谓猪瘟的病理学》("The Pathology of the So-Called Pig Typhus")，此后他还担任了蒙特利尔兽医协会会长，任期一届。应邓肯·麦凯克伦（Duncan Mceachran）的请求，奥斯勒对蒙特利尔育犬协会里小狗的死因进行研究，发现了一种新的寄生虫。这是一种罕见的线虫。后被命名为"奥斯勒丝状体"。在19世纪90年代后期，奥斯勒通过参加各类医学会议，发表关于动物与人的关系的文章，推广比较病理学，宣传自己的公共卫生预防观点，提醒舆论宣传关注忙碌的医生群体、肮脏的街道、无管制的污水横流的下水道。这些都包含着同一医学启蒙意识，他成为第二次公共健康关注大浪潮中有影响力的新卫生学家。

---

① 鲁道夫·魏尔肖（1821—1902），德国病理学家。1858年，他的《细胞病理学》（*Cellular Pathology*）出版，成为医学界的经典，对疾病的诊断治疗产生了不可估量的影响。
② 路易斯·巴斯德（1822—1895），法国微生物学家、化学家，近代微生物学的奠基人。
③ 罗伯特·科赫（1843—1910），德国医生、细菌学家，是世界病原细菌学的奠基人和开拓者。
④ 威廉·奥斯勒（1849—1919），加拿大医生、病理学家，被誉为"现代医学之父"，其著作《医学原理与实践》（*The Principles and Practice of Medicine*）于1892年出版，此后每三年修订一版，是沿用至今的经典教材。

尽管人类的健康、动物的疾病、环境三者之间有明确的内在联系，但分属于不同的专业与知识体系的兽医和医疗实践及研究到 20 世纪时已经发展得泾渭分明。

公共卫生兽医是下一个推动跨越藩篱的群体，其中最重要的是詹姆斯·斯蒂尔（James Steele），他于 1947 年在美国传染病中心创立了兽医公共卫生部门。该组织专注于研究牛结核病、布鲁氏菌病、狂犬病和沙门氏菌病等人畜共患病，将公共卫生原则应用于预防和根除。近 20 年后，著名的病原体学家和流行病学家卡尔文·施瓦贝（Calvin Schwabe）通过他的著作和担任加州大学戴维斯分校兽医学院流行病学和预防医学系主任的职位，在公共卫生领域取得了重大研究进展。在其 1976 年出版的著作《兽医与人类健康》（*Veterinary Medicine and Human Health*）中，他首次提出了"同一医学，同一世界"（One Medicine, One World）概念。他因创造了"同一医学"一词而受到赞誉。他强烈倡导人类医学健康专业人员和兽医公共卫生专业人员之间的合作，以解决人畜共患病问题。

早前的同一医学后来演变为同一健康。从历史的角度看，"同一医学"概念提示兽医学和内科医学之间存在着交叉，而"同一健康"概念则更进一步，强调促进健康而不是治疗疾病。进一步的演变与生态系统健康观点相关联，将人类、动物的健康以及它们生存的环境看作一个整体。这一术语的改变发生在 21 世纪的第一个十年期间。

2004 年 9 月 29 日，野生动物保护协会组织和洛克菲勒大学联合主办的国际研讨会，以"一个世界，一个健康：在全球化世界中建立跨学科的健康桥梁"为主题，会上来自世界各地的卫生专家提出"同一健康"理念，建立了"曼哈顿原则"。基于这一原则，2007 年 4 月，美国兽医协会组建"One Health"倡议行动小组，讨论推进"One Health"的行动计划，并将"One Health"定义为：通过区域、国内、全球范围的跨学科协作，实现人类、家畜、野生动物、植物和环境的最佳健康。该小组随后演变为"One Health"委员会（One Health Commission），并更新了对"One Health"的定义："One Health"是一种多部门和跨学科协作的方法，通过在不同地方、区域、国家和全球开展工作，实现最佳健康，并认识到人类、动物、植物及其共享环境之间的相互联系①。

随后美国、澳大利亚、加拿大、丹麦、泰国、哈萨克斯坦等16个国家分别以各种形式践行"One Health"理念，其中有7个国家设立了与One Health相关的教育科研机构。2010年，联合国粮农组织（FAO）、世界动物卫生组织（OIE）和世界卫生组织（WHO）达成合作协议，倡导在人类－动物－环境界面共担责任、协调全球活动，由此"One Health"理念在全球广泛传播（见图1-3）。

```
2008年7月，美国兽医协会建立"One Health"倡议行动小组，并通过了《One Health 决议》

2010年，联合国粮农组织、世界动物卫生组织和世界卫生组织在越南河内达成"FAO-OIE-WHO"合作协议，倡导在人类-动物-环境界面共担责任、协调全球活动，并共建了信息分享网站GLEWS

2011年7月14—15日，非洲第一届One Health会议在南非约翰内斯堡召开

2013年1月29日—2月2日，第二届国际One Health会议在泰国曼谷召开

2008  2009  2010  2011  2011  2012  2013  2014

2009年3月16日，加拿大公共卫生署在温尼伯召开"One World, One Health: Form ideas to Actions"会议

2011年2月14—16日，第一届国际One Health会议在澳大利亚墨尔本召开

2012年，达沃斯世界风险论坛（GRF）One Health 峰会在瑞士达沃斯召开

2014年11月22日—23日，中国第一届One Health 研究国际论坛在广州召开
```

图1-3 同一健康大事记

2009年6月，中国医学基金会、中国医学救援协会、首都爱护动物协会及行动亚洲联合主办"中国科学有效预防狂犬病与人道控制方法座谈会"，并发布《以科学有效及人道方式控制狂犬病》白皮书，提出"城乡同步，联防共治"的科学防控理念，倡导提高城乡犬只的管理和疫苗覆盖率，并指出现代动物福利（animal welfare，又译为"动物福祉"）观念是人和动物共存共荣、和睦相处，全社会要不断提高对此的认识，公益组织、民间机构应该发挥作用，只有全社会共同努力，才能在未来达成"零狂犬"。这是中国最早的与同一健康实践有关的会议②。

---

① One Health Commission. CDC and OHC definition. [2023-05-16]. https://www.onehealthcommission.org/en/why_one_health/what_is_one_health/.

② 张媛媛. 共同幸福：城市伴侣动物管理的深圳实践//深圳市马洪经济研究发展基金会. 深圳基层治理创新案例研究. 北京：中国社会科学出版社，2022：445-446.

2014年，为了推动 One Health 学科在中国的形成与发展，中山大学以公共卫生学院为依托，成立国内首个 One Health 研究中心，并正式应用"同一健康"这一中文专有名词。同年11月，由中山大学、华南农业大学、中国人民解放军军事医学科学院和杜克大学联合主办的第一届中国 One Health 国际论坛在广州召开，会议的主题为"人兽共患病、食品安全、环境健康、野生动物生态学、抗生素耐药"。来自7个以上国家的200名公共卫生、临床医学、兽医学、环境和农业科学领域的国际代表，在为期两天的会议中探讨了人类健康、家畜、宠物、野生动植物健康和环境健康之间的复杂关系。这次会议为促进"同一健康"在中国的发展及国际合作提供了平台。

2016年7月15日，中国国家卫生计生委发布了《突发急性传染病防治"十三五"规划（2016—2020年）》，在"主要任务和措施"章的开篇就提出："各级卫生计生行政部门积极协调农业、林业等部门，强化'同一个健康'理念，将突发急性传染病源头防控的措施与项目纳入相关部门的政策和规划中，加强动物疫病防治，提升家禽畜牧业生物安全管理水平，积极防控人畜（禽）共患病；加强野生动物保护管理，减少公众接触传播野生动物源性传染病的潜在风险；及时共享人畜（禽）共患病等信息。"

2016年11月3日，是全球首个"One Health Day"。

2020年，中共中央、国务院印发《海南自由贸易港建设总体方案》，明确提出"公共卫生风险防控"是风险防控体系的重要内容。"海南 One Health 在行动"于次年11月3日"国际同一健康日"正式启动。作为海南省唯一一所医学院校，海南医学院为此成立了专门的 One Health 研究中心。

2021年4月，第697次香山科学会议在北京召开（见图1-4），主题为"同一健康与人类健康"，会议达成四项重要共识：成立"同一健康"专业委员会或同一健康专业学会；启动基于同一健康的多学科交叉重大研究计划；设立符合同一健康理念的新学科；运行联防联控公共卫生数据开放共享机制。同年9月，中国绿发会行动亚洲专项基金首席执行官苏佩芬女士受邀在联合国高级别政治论坛（HLPF）上发表演讲，讨论一线公益慈善组织如何将同一健康范式应用于日常实践，以造福人类、动物和环境。

图 1-4　第 697 次香山科学会议留影

2022 年 3 月，中国绿发会设立了"同一健康工作委员会"，这是我国国家级行业协会成立的第一个同一健康行业分会。2023 年 4 月，中国绿发会同一健康工作委员会与浙江省科学技术协会、温州市人民政府联合主办了 2023 世界青年科学家峰会——同一健康国际论坛（WYSS One Health International Forum）。在温州肯恩大学举办的此次论坛聚焦于同一健康科学人文素养、科技创新和学科建设。

"同一健康"从早期主要关注人兽共患病到如今转变为一个增进联合的广泛的范式，包括可持续发展①、企业永续发展（环境保护、社会责任、企业治理）、能源投入回报、生态经济学、社会正义、伦理创新等，目的是可持续地平衡与优化人类、动物和生态系统的健康，满足对清洁水、能源和空气、安全和营养食品的共同需求。这意味着任何人类活动都应以同一健康为准则进行设计，项目实施、政策、立法和研究也应遵循同一健康理念，并且做到社会不同层面的多个部门、学科和社区共同努力，应对健康和生态系统的威胁，采取行动，增进福祉。同一健康涉及众多领域，如图 1-5 所示。

---

① 可持续发展，是指既满足当前需要而又不削弱子孙后代满足其需要之能力的发展。最早出现在 1987 年世界环境与发展委员会的报告《我们共同的未来》（*Our Common Future*）中。

同一健康涉及的领域，以"同一健康"为中心：

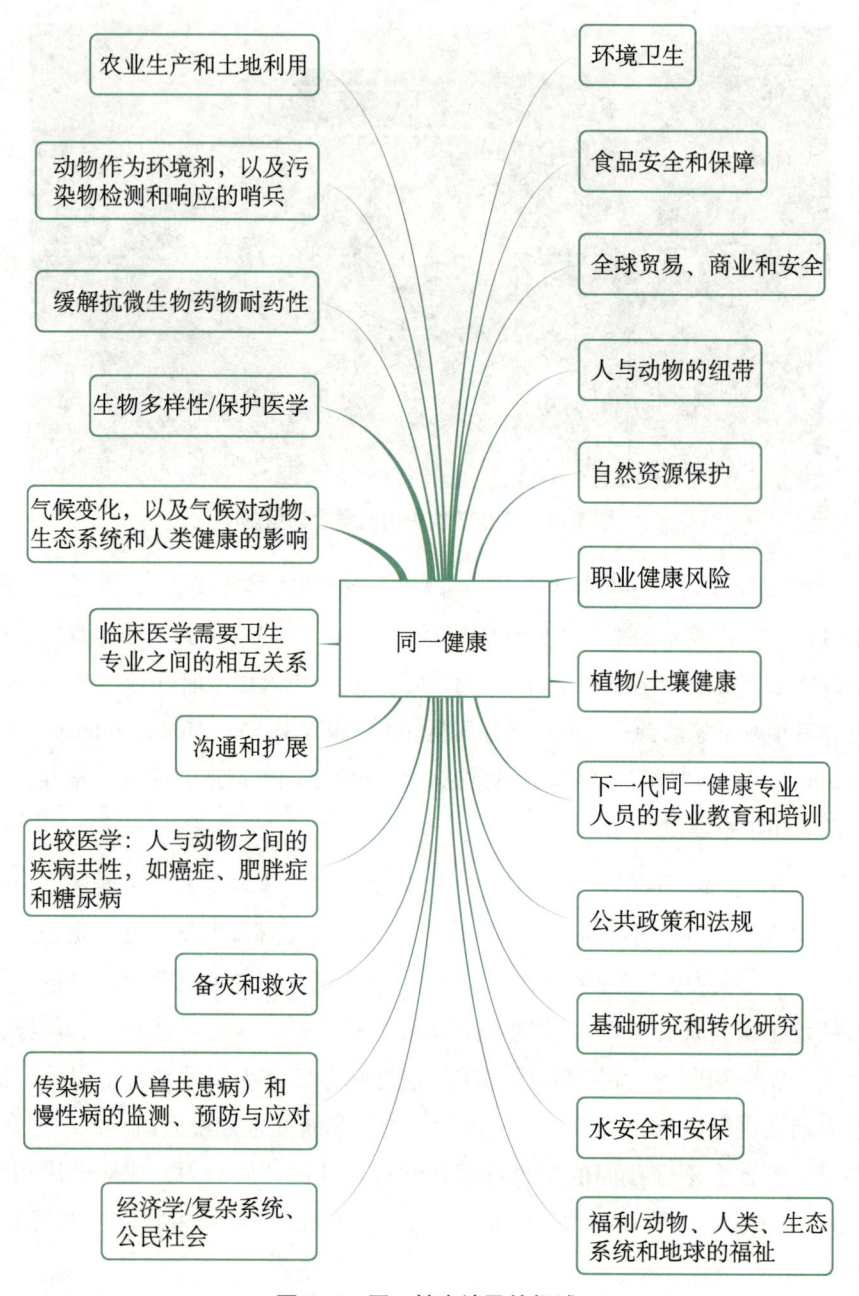

- 农业生产和土地利用
- 动物作为环境剂，以及污染物检测和响应的哨兵
- 缓解抗微生物药物耐药性
- 生物多样性/保护医学
- 气候变化，以及气候对动物、生态系统和人类健康的影响
- 临床医学需要卫生专业之间的相互关系
- 沟通和扩展
- 比较医学：人与动物之间的疾病共性，如癌症、肥胖症和糖尿病
- 备灾和救灾
- 传染病（人兽共患病）和慢性病的监测、预防与应对
- 经济学/复杂系统、公民社会
- 环境卫生
- 食品安全和保障
- 全球贸易、商业和安全
- 人与动物的纽带
- 自然资源保护
- 职业健康风险
- 植物/土壤健康
- 下一代同一健康专业人员的专业教育和培训
- 公共政策和法规
- 基础研究和转化研究
- 水安全和安保
- 福利/动物、人类、生态系统和地球的福祉

图 1-5　同一健康涉及的领域

案例1：分解者的难题——塑料垃圾和毒物

垃圾，通常是指没有用的废物。然而，在大自然这个生态系统中是没有真正的废物的，对人没有用不等于对其他动物没有用。在生态体系中，对生产者和消费者没有用的废物，对分解者则是有用的。

人类通过现代垃圾处理技术进行各种回收利用，但依旧向大自然排放了大量垃圾。自然界中，最易被微生物降解的是有机物垃圾。细菌、真菌（蘑菇）、食腐动物，参与了将有机物分解成无机物释放二氧化碳和水回归自然，并且利用屎和遗骸中的有机物让自己长期生长、发育与繁殖。

全球塑料年产量从2000年的2.34亿吨飙升至2019年的4.6亿吨。全球范围内在1950年至2017年产出的塑料制品约有92亿吨，其中大约70亿吨都成为塑料垃圾。塑料垃圾从2000年的1.56亿吨增加至2019年的3.53亿吨。地球上所有动物的质量总和为40亿吨，仅为人类生产的塑料垃圾总量的一半[1]。

2022年2月22日，经济合作与发展组织（OECD）发布题为《全球塑料展望：经济驱动因素、环境影响和政策选择》（*Global Plastics Outlook: Economic Drivers, Environmental Impacts and Policy Options*）的报告，指出塑料制品分解、垃圾填埋场的渗滤液、废水处理系统产生的污泥、空气中的颗粒物（例如轮胎和其他包含塑料的物品所产生的磨损）、农业径流、船体破损和货物意外落入海中，这一切都有可能使微塑料进入海水中。洪水、风暴和海啸等极端天气事件也可能将沿海地区、河流入海口的大量塑料垃圾卷入海洋，通过洋流作用，被巨大的海洋漩涡吸引到一起，积少成多，形成独特的"岛屿"。截至2017年，人类共发现5座海洋"垃圾岛"。

2020年11月10日8时12分，中国"奋斗者"号载人潜水器在马里亚纳海沟成功坐底，坐底深度10 909米。科学家们在马里亚纳海沟5 108～10 908米表层沉积物中发现微塑料含量达到了200～2 200个/升，明显高于大多数深海沉积物中的含量。2017年《全环境科学》（*The*

---

[1] 戴秋宁，汪永明. 塑料垃圾的危害. 生命与灾害，2019（6）：2.

Science of the Total Environment）也曾刊发过一篇关于南极海洋系统微塑料的综述，文章指出，不仅仅在南极南乔治亚岛的潮间带沉积物中发现了塑料微颗粒，在南大冰洋的表层水中也发现了微塑料，其水平与世界海洋人口稠密地区的记录一致[①]。

塑料、橡胶和合成纤维虽然是有机物，但却与松香和琥珀[②]等天然高分子有机物不同，是人工合成高聚物。自然界中几乎没有类似物质，面对塑料，作为分解者的微生物无能为力，塑料成为无法进入自然物质循环的一个问题。

位于新西兰和澳洲之间的豪勋爵岛（Lord Howe Island）上生活着一种鹱——淡足鹱，又名"肉足鹱"（见图1-6），它们有褐色的羽毛，尾巴又短又圆。这种鸟一般居住在大洋深处的豪勋爵岛上，在哺育的时候才上岸，它们翱翔在海上觅食，也会潜水。

图1-6 淡足鹱

如今，淡足鹱已经成为世界上受塑料污染最严重的物种之一。它们在海上觅食时，难以分辨漂浮在海上的哪些是小鱼、哪些是塑料，吃下去的塑料无法消化，吃多了还会被压得飞不起来。虚假的饱腹感也会导致它们越来越虚弱，它们最终要么被海浪吞噬，要么活活饿死。近50年来，淡足鹱的数量已经锐减了三成。

研究团队发现，岛上90%死鸟样本的胃里都有塑料。塑料不但导致了淡足鹱的死亡，还在死亡之前就持续影响着这种海鸟的健康。健康的胃组织应该是规整和平滑的，医学镜头下这些死鸟的胃里出现了非常多扭曲且不可逆转的疤痕，令人触目惊心[③]。

[①] WALLER C L, GRIFFITHS H J, WALUDA C M, et al. Microplastics in the antarctic marine system: an emerging area of research. Science of the total environment, 2017, 598: 220-227.
[②] 松香等由树木分泌的天然树脂，主要成分是树脂酸，不溶于水，可溶于酒精，用手可以捏成粉末。琥珀是树脂化石，可溶于饱和盐酸。
[③] CHARLTON-HOWARD H S, BOND A L, RIVERS-AUTY J, et al. "Plasticosis": characterising macro-and microplastic-associated fibrosis in seabird tissues. Journal of hazardous materials, 2023, 450: 131090.

英国和澳大利亚的科学家指出，这是一种完全由摄入塑料而引发的新疾病——塑化症（plasticosis）[1]。塑化症不是由病毒或细菌引起的，而是由使消化道发炎的小塑料片引起的。塑料碎片会对海鸟的胃等器官反复造成损伤，即便是5毫米大的微塑料颗粒，它们依旧锐利，能反复地割伤、刺穿海鸟的胃，使其反复发炎，导致胃部在反复愈合时纤维化。这就相当于长期吸烟的人会出现肺部纤维化，长期接触石棉的人容易得尘肺病，酗酒人容易肝硬化，等等。塑料病不仅会导致鸟类消化腺体受损，疤痕还会使胃部变硬、弹性降低，降低消化食物的效率，对生长、消化和存活产生连锁反应。成鸟在给雏鸟喂食时，不可避免地会把一些塑料转移到雏鸟体内，极端情况下会导致雏鸟饿死。

追踪海洋塑料垃圾的美国摄影师克里斯·乔丹（Chris Jordan）在中途岛拍摄到一组照片：一只成年信天翁口衔塑料垃圾喂食自己的宝宝（见图1-7）。信天翁别名"海燕"，也是鹱形目，不但是世界上羽翼最大的鸟，也是长寿之鸟。令乔丹悲伤的是，中途岛的树林里有数不清的幼鸟尸体，有的早已腐烂，只留下肚子里满满的垃圾。打火机、瓶盖、梳子、牙刷柄，以及各种形状的塑料碎片……正是信天翁"父母"飞越千里，为自己的孩子带回的"食物"，它们都是太平洋环流带来的城市垃圾。成千上万的幼鸟，还未等来成年后的第一次出海飞行，就以悲惨的方式相继死去。

乔丹和同伴合作在中途岛拍摄了400多个小时的素材，于2017年最终剪辑成97分钟的纪录片《信天翁》（ALBATROSS）。乔丹将其视作永久的公众艺术品，提供免费观看。他说："对我而言，每次拍摄时跪在它们的尸体旁就像看着一面可怕的镜子"[2]。

图1-7 是塑料不是信天翁的食物

---

[1] 诸平. "塑化症"：一种由塑料引起的影响海鸟的新疾病.（2023-03-06）[2023-09-20]. https://blog.sciencenet.cn/blog-212210-1379078.html.
[2] 中国数字科技馆. 世界海洋日：看一场信天翁大电影.（2018-06-15）[2023-09-20]. https://www.cdstm.cn/theme/kkxw/dyd/kxgs/201806/t20180615_805714.html.

学术期刊《世界环境》（Environment International）分别于2021年1月和2022年3月刊登了两项研究报告。一项研究是意大利罗马圣若望·卡里比塔医院研究人员通过拉曼显微光谱技术对6名健康女性的胎盘样本进行检测，在4例胎盘中检测到12个微塑料颗粒。另一项研究是荷兰阿姆斯特丹自由大学的团队在22名健康志愿者的血液样品中，检测出17人的血液中存在微塑料颗粒，平均每毫升血液中有1.6微克。

而在2022年4月，期刊《全环境科学》收录了来自英国赫尔大学的一篇论文。研究团队对13名手术患者的健康肺部进行采样，用红外光谱技术在11个样本中检测出39个微塑料颗粒，其中以用于外卖餐盒的聚丙烯（23%）和用于饮料瓶的聚对苯二甲酸乙二醇酯（18%）最为丰富。

微塑料在人体中如何传输，是否聚集在某些器官内，被塑料污染的海产品、塑料表面的致病菌、沿海水域析出的有毒和致癌物质对人类健康会造成什么样的影响，人们对此的担忧越来越多。

海洋生态系统，尤其是红树林、海草、珊瑚和盐沼，在储存碳方面发挥着重要作用。人类对海洋和沿海地区造成的伤害越大，海洋生态系统就越难吸收碳排放、抵御气候变化。塑料垃圾对鲸鱼、海豹、海龟、鸟类和鱼类，以及无脊椎动物如双壳类生物、浮游生物、蠕虫和珊瑚，都会造成致命的伤害，包括缠绕身躯使其窒息、内部组织撕裂，剥夺其氧气和光照，导致生理应激反应和使其中毒。塑料在海洋环境中分解时所释放出的双酚A和邻苯二甲酸二辛酯（DOP，一种增塑剂）等致癌物质，最终进入海洋食物链，这些物质会影响到海洋生物的繁殖成功率和生存能力，并损害水生生态系统中的"生态工程师"珊瑚和蠕虫建造珊瑚礁、通过生物扰动改变沉积物的能力。

全世界的塑料循环利用率仅为15%，欧洲则为40%～50%。这得益于欧盟制定的生产者责任延伸制度（Extended Producer Responsibility，EPR），该制度规定，生产厂家需要承担一部分回收利用的费用。但是，即使有了这样的制度，欧洲也只有50%的塑料包装被回收。所以，塑料的循环利用做得远远不够。按照现今的趋势，如果不采取任何措施，到2050年，全球塑料产量将会加倍，海洋里塑料的重量将会超过鱼类的总重量。2018年，欧盟通过了《循环经济中的欧洲塑料战略》（*A European*

Strategy for Plastics in a Circular Economy），该战略是欧盟范围内首个针对塑料制品的规划。根据该战略，到 2030 年欧盟成员国将实现所有塑料包装产品的循环利用，减少一次性塑料产品消费，限制在产品中使用微塑料（如在化妆品中添加微塑料），要求到 2030 年 55% 的塑料包装被回收。2023 年，欧盟碳价（EUA）首次站上 100 欧元/吨的历史高位。同时，英国、意大利、西班牙等国已经或计划对非再生塑料及不可降解、不可堆肥塑料征收每吨 200 欧元到 800 欧元不等的塑料包装税。美国各州则为塑料回收投资提供税收抵免。

值得注意的是，被误认为是良好替代的生物基（biobased）塑料未必具有生物可降解性能（biodegradable），它只是强调塑料制品的原材料。比如，氧降解塑料（oxo-degradable plastic）只是加入了可生物降解填充物的普通塑料（如聚乙烯），这类塑料只会降解成塑料碎片，而不会分解消失。

可堆肥塑料（生物可降解塑料）虽然被认为是良好的一次性塑料替代品，但它也存在局限性。其局限性在于，对可堆肥塑料的使用仍然遵循"用完即弃"的逻辑，而不是将其视为可反复使用的材料。对于塑料来说，如果不能完全降解为分解者可利用的有机质，就还是能形成微塑料颗粒，哪怕数量减少了。可降解塑料依旧不能让塑料垃圾问题得到解决。希望在未来的某一天，人类能够创造出将塑料等人工合成的高聚物完全分解的方法。人类除了是塑料的生产者、消费者，也要成为塑料的分解者，或者说创造出以塑料为食的分解者。

关于分解者，还必须关注食腐动物。它们以落入土壤或水域的枯枝落叶、动物遗体或粪便为食，在生态地位上扮演清除者（也称为分解者）角色。在维持生态系统健康和促进生态功能方面，食腐动物发挥着至关重要的作用，同时在防止疾病传播方面发挥着重要的调节作用，食腐动物的存在可以阻止死亡动物或潜在的病原体在环境中滋生和扩散，从而帮助减少疾病传播的风险。

最常见的食腐动物有无脊椎动物蟹、蚌、螺、蚯蚓、千足虫、蛞蝓、蜗牛、粪金龟子、白蚁、弹尾、螨、线蚓，脊椎动物中犬科的郊狼、胡狼、貉、赤狐，鸟类的秃鹫和乌鸦（渡鸦），鬣狗科的鬣狗，鼬科的狼獾、松貂，有蹄类的野猪，啮齿类的大家鼠和小家鼠也会食腐。除了秃鹫外，大多数是兼性食腐。秃鹫是脊椎动物中唯一的专性食腐动物，它们进化出一套极其强悍的消化系统，可以直接消灭绝大部分致病细菌。另外，它们似乎也进化出了一种对某些致命种类细菌的宽容度，那些可导致肉类腐烂的梭杆菌以及具有毒性的梭菌在秃鹫的大肠肠道内大量繁殖，共同参与食腐。

腐肉在全球各个地区都有，包括来自动物的自然死亡、捕食、自然灾害或疾病导致的大规模死亡，来自人类扑杀、狩猎以及渔业过程中的丢弃。最近这些年，还包括一些新的人类活动带来的，比如风电场鸟类和哺乳动物死亡[1]。希尔（Hill）等人对道路车辆带来的野生动物死亡进行分析，指出北美哺乳动物的车辆死亡率比50年前增加了2 017倍[2]。

野外尸体的出现具有突发性，如果数量庞大，就会增加病原体传播的可能性，并且突发性随着全球气候变化而增加频率[3]。无论腐肉是如何产生的，食腐动物都会减少尸体在野外分解的时间，减少疾病传播。在生态系统中，食腐物种的缺失会产生级联效应，导致疾病传播猖獗。

印度曾经发生秃鹫危机和狂犬病暴发。从20世纪90年代末开始，印度的雕鸮和白尾海雕等多种秃鹫种群的数量急剧下降，其中一些物种的数量甚至减少了99%以上。原因是在消费畜禽时使用了含有非甾体类抗炎药（NSAIDs）的药物，导致秃鹫因食用了它们的腐尸而中毒死亡。由于秃鹫数量骤降，印度的狂犬病控制工作也面临重大威胁。在这种情况下，因为没有足够的秃鹫来清理城市和乡村地区的动物尸体，野狗和鼠类就成为食腐主力，随着食源增多，其数量也不断增加，进一步增加了传染病的传播风险。因此，在狂犬病暴发期间，许多印度人被感

---

[1] JOHNSON G D, ERICKSON W P, STRICKLAND M D, et al. Collision mortality of local and migrant birds at a large-scale wind-power development on Buffalo Ridge, Minnesota. Wildlife society bulletin, 2002: 879-887.
[2] HILL J E, DEVAULT T L, BELANT J L. Research note: a 50-year increase in vehicle mortality of North American mammals. Landscape and urban planning, 2020, 197: 103746.
[3] PATTERSON J R, DEVAULT T L, BEASLEY J C. Integrating terrestrial scavenging ecology into contemporary wildlife conservation and management. Ecology and evolution, 2022, 12（7）: e9122.

染,并面临着生命危险①。为了应对这一危机,印度政府采取了多项措施。2006年,首先禁止了含有NSAIDs的畜禽药物,并推动使用更安全的药物。此外,政府还制定了秃鹫保护计划,并开始饲养秃鹫以增加它们的数量。最终,这些措施取得了成功,秃鹫的数量开始增长。然而,在全球范围内,双氯芬酸(非甾体类抗炎药之一)的问题并没有得到完全解决,仍对秃鹫种群产生不利影响②。

通过摄入用过的子弹和子弹碎片而造成的意外铅中毒同样被确定为对许多猛禽的威胁,包括极度濒危的加利福尼亚秃鹰等③。铅暴露会导致繁殖力降低、骨脆性增加和感染易感性增加。迄今为止,已有33个国家实施了对铅弹药使用的限制,以缓解这一问题④。关于铅弹导致的铅中毒问题影响的不只是猛禽。2022年,一项关于美国伊利诺伊州铅弹药禁令有效性的研究报告指出,禁令实施后鸭子和鹅的致残率都有所降低⑤。这一结果意味着这些生态系统中的食腐动物也正遭受铅中毒的影响。

和铅一样,镉、铬和汞等重金属也在食腐动物体内积累,进而导致食腐动物中毒和死亡,甚至影响其生殖能力。这些重金属通常来自农业和工业废物等渠道。此外,多环芳烃、氯化烃、烷基酚,以及农药和杀虫剂等有机化学污染物,也对食腐动物的健康和生存产生了很大的影响,它们可能会在食腐动物体内积累,并且导致生殖问题、免疫系统问题、细胞毒性和癌症等健康问题。

---

① GREEN R E, NEWTON I A N, SHULTZ S, et al. Diclofenac poisoning as a cause of vulture population declines across the Indian subcontinent. Journal of applied ecology, 2004, 41(5): 793-800.
② MARGALIDA A, BOGLIANI G, BOWDEN C G R, et al. One health approach to use of veterinary pharmaceuticals. Science, 2014, 346(6215): 1296-1298.
③ MCTEE M, HILLER B, RAMSEY P. Free lunch, may contain lead: scavenging shot small mammals. The journal of wildlife management, 2019, 83(6): 1466-1473.
④ GARVIN J C, SLABE V A, CUADROS DÍAZ S F. Conservation letter: lead poisoning of raptors. Journal of raptor research, 2020, 54(4): 473-479.
⑤ ELLIS M B, MILLER C A. The effect of a ban on the use of lead ammunition for waterfowl hunting on duck and goose crippling rates in Illinois. Wildlife biology, 2022, 2022(2): e01001.

案例 2：疫苗——天花、狂犬病

现在我们已经无从考证天花病毒从何而来，但在埃及木乃伊上发现的疑似天花的皮疹表明，人类与天花病毒的斗争可能超过了 3 000 年。

葛洪在《肘后备急方》中记载："以建武中于南阳击虏所得，仍呼为'虏疮'。"这意味着天花病毒可能在东汉初年随着战事进入了中国。隋唐时期，天花病毒随着贸易进入朝鲜半岛以及日本；而后 7 世纪，阿拉伯的扩张将天花病毒传播到北非、西班牙和葡萄牙；中世纪十字军又将天花病毒带回欧洲。数百年后，欧洲殖民者和非洲奴隶贸易将天花病毒引入美洲；18 世纪，英国探险家将天花病毒带到澳大利亚，至此，天花病毒已经遍布全世界，并深刻地影响着人类历史。

尼古拉斯·普桑（Nicolas Poussin）的画作《阿什杜德的瘟疫》(The Plague at Ashdod)，真实描述了 2 世纪中叶古罗马安东尼大帝执政时期突然爆发的"安东尼瘟疫"（公元 164—180 年）。史学考证认为，"安东尼瘟疫"是镇压叙利亚叛乱后被罗马军队带回罗马帝国的。这群鸣金回营的士兵回城时，除了携带战利品，还带回了可怕的天花和麻疹，随后在罗马肆虐。

据罗马历史学家迪奥卡（Dio Cassius，公元 155—235 年）称，当时罗马一天就有 2 000 人因染病而死，相当于被传染人数的 1/4，罗马彻底沦为一座死城。瘟疫肆虐期间，连尊贵的罗马帝王都未能幸免。先是维鲁斯大帝于公元 169 年染病身亡，紧接着其继承人安东尼大帝在公元 180 年也被传染，最终难逃厄运。瘟疫足足肆虐了 7 年才趋于消停。另一幅著名的画作《受祝福的伯纳多·托洛米奥，为瘟疫的结束》(The Blessed Bernardo Tolomeo's Intercession, for the End of the Plague) 记录了人们在瘟疫结束时的庆祝与祈祷。然而，就在人们觉得灾难已经过去，因而放松警惕时，疾病却在公元 191 年再度大规模暴发。许多村庄从此彻底消散，城市人口也遭遇二次重大损失。这场持续多年的瘟疫，使罗马 750 万～1 500 万人陆续毙命。瘟疫削弱了帝国的军力，对社会和政治、文学和艺术领域造成毁灭性打击，直接导致了罗马"黄金时代"的终结。

穿越历史，或许你也会有这样的发现：自哥伦布发现美洲后 100 年内，阿兹特克、印加等美洲主要国家的人口数量从两三千万锐减至两百来万，主要就是因为印第安人对于天花等来自旧大陆的疾病几乎毫无抵抗力。1713 年的一次天花流行毁灭了南非土著桑族人；1788 年，英国人移民悉尼后不久，一场流行病迅速毁灭了澳洲的土著……类似的流行病也在汤加、夏威夷和其他太平洋岛屿上反复发生。

当印第安人发现他们不仅武器比欧洲人落后，而且各种神秘的疾病似乎也只杀死印第安人，却放过欧洲人的时候，莫名的绝望感让印第安人的最后一道心理防线崩溃了——他们认为自己受到了天神的惩罚，欧洲人在美洲的征服也远比其他地方来得顺利。

1661 年，罹患天花的顺治皇帝在临终前听从德国传教士汤若望的建议，选曾得过天花并且幸存下来的玄烨继承帝位，这一决定对中国的历史走向产生了巨大的影响。

可能最早在北宋时期，中国人开始使用人痘接种术来预防天花：将痊愈期天花患者的痘痂研磨成粉末，再用银管吹入受种者的鼻孔；或者将研磨成粉末的痘痂加水调湿，再用棉花包裹塞入受种者的鼻腔。《痘疹定论》（1713 年）则提到宋真宗时期宰相王旦请峨眉神医为其幼子王素种痘之事，这位神医使用的种痘法就是相当进步的一种鼻苗法。至明朝中叶，人痘接种术已得到广泛的运用。1688 年，俄罗斯派医生来北京专习人痘接种术。此后，人痘接种术由俄罗斯经土耳其传至英国和欧洲各地，并对爱德华琴纳（Edward Jenner，1749—1823）发明牛痘接种法产生了直接影响。如俞茂鲲《痘科金镜赋集解》记载："闻种痘法起于明隆庆年间……得之异人，丹传之家，由此蔓延天下"[①]。

人痘接种术可以说是免疫学的早期探索，为牛痘接种打下了基础。虽然人痘接种有效遏制了天花的肆虐，但接种人痘后仍有约 2% 的死亡率。人类寻找更有效的预防方法的步伐从未停止。

1716 年，英格兰的玛丽·沃特利·蒙塔古（Mary Wortley Montagu）在丈夫出任君士坦丁堡大使时来到土耳其。玛丽从土耳其民间学会了种痘的方法，并将这种方法带回了英格兰。她在给朋友的信中写道："嫁

---

① 北京中医药大学中医药博物馆. 人痘接种术的发明与传播. （2011-12-09）［2023-09-20］. https： //bowuguan. bucm. edu. cn/kpzl/ysmt/10932. htm.

接是他们对这种方法的称呼。很多女性把施行这种方法当成了自己的任务……我对这种试验的安全性非常满意，因为我打算在我亲爱的小儿子身上试一把，作为一个爱国者，我将竭尽全力让这种有用的发明在英格兰流行起来。"返回伦敦后，玛丽给她的女儿做了接种，人们批评她行为"鲁莽"，她甚至因此而"臭名昭著"，但玛丽没有放弃。1722年，威尔士亲王的孩子们进行预防接种是英国这场预防天花运动的重要时刻。

直到1796年，爱德华·琴纳做了个实验，从挤奶女工手上的痘痂里取了些脓液，接种给一个8岁的男孩。因为他发现挤奶女工似乎不会得天花，他就猜，也许是牛痘让她们获得了免疫力。这个实证研究是成功的，男孩后来接种了天花脓物也没什么事，证明牛痘确实有用。实验取得了巨大的成功，琴纳在1798年出版的《关于牛痘的原因和结果的研究》（*An Inquiry into the Causes and Effects of the Variolae Vaccinae*）一书中，详细记录了多个接种牛痘后不再罹患天花的病例。图1-8为我们展示了当时人们接种牛痘的真实场景。

图 1-8 接种牛痘

牛痘疫苗的低风险以及高成功率使其在数十年中传遍世界，各国开始纷纷尝试使用牛痘来预防天花[①]。在随后的一百年里，天花逐渐被控制住。

---

① 时值英法交战，拿破仑也让他的军队接种了疫苗，并给爱德华·琴纳颁发了一枚勋章，称他为"人类最伟大的救星之一"。

疫苗的英文"vaccine"一词，正是源于拉丁语的母牛"vacca"，可以视作对此的记录。

19世纪70年代，接种天花疫苗是年轻的奥斯勒医生医疗工作的一部分，大部分加拿大法语区的人们却打心底里反感打疫苗。最终天花在汉密尔顿潜伏后暴发，每年夺走数百条生命。天花肆虐，加上白喉、伤寒以及其他传染病，让加拿大的这座主要城市背上了"瘟疫和死亡之巢"的恶名。1874年年末，奥斯勒凭借治疗天花的丰富经验，获得了蒙特利尔综合医院天花病房医生一职，医治、看护天花病患成了他的重要工作。

像牛顿开辟出经典力学一样，巴斯德（Pasteur）开辟了微生物领域，并为免疫学、医学等做出了不朽贡献，是当之无愧的"微生物学之父"。巴斯德的研究促进了狂犬病疫苗的发展，在他看来，动物医学和人类医学之间不存在分界线。

1880年，巴斯德在成功研制预防鸡霍乱疫苗的基础上，开始致力于研究狂犬病，希望能够找到控制这种肆虐欧洲的瘟疫的方法。到1894年，巴斯德证明接种经过不同物种传递的减毒活疫苗可以预防犬类患狂犬病。他将感染了狂犬病病毒的兔子脊椎暴露在空气中，然后每两周将感染物转移感染另一只兔子，不断减弱了狂犬病病毒的毒力。继而该狂犬病疫苗在以狗为对象的实验中得到了成功的验证。

现今，犬类暴露前的免疫接种已被广泛应用，其因极大地减少了人类狂犬病的发病率而为人们所认可。随后巴斯德致力于狂犬病病毒暴露后的免疫接种，成功地把动物和人类健康结合在一起。

疫苗接种是同一健康的一个核心要素，世界狂犬病日全球教育活动着重强调了狂犬病疫苗宣传的重要性。面对人兽共患病，将人类医学和兽医学更加紧密地联系起来是至关重要的，同时疫苗和其他控制动物传染病的方法也是保护人类健康的关键组成部分。

罗伯特·科赫（Robert Koch）对医学事业做出了开拓性贡献，这使他成为世界医学领域的泰斗巨匠。他不仅发现了许多病原体，而且许多细菌学研究的基本原则和技术都是由他奠定的。在当时人们的心目中，科赫成了传染病的克星。1873年，科赫开始了他在炭疽方面的研究，最终证实炭疽芽孢杆菌是这种疾病的发病原因。而后，科赫继续在人和牛身上研究结核病的病因，最终发现，结核病是由一种特定的病原菌感染所致。

第二次世界大战结束后，世界各国之间的合作逐渐加深。1959 年，世界卫生组织启动了全球消除天花计划。随后的强化根除计划在 1967 年开始，更多、更高质量的疫苗被生产出来。1980 年 5 月 8 日，世界卫生组织正式宣布，全世界已经没有天花这一疾病，这被认为是有史以来国际公共卫生领域的最大成就。天花疫苗于 1796 年被首次使用，而后人类花了整整 184 年才宣布消灭天花，显然，战胜全球性流行疾病的决定性因素是全球团结协作。

人类在疫苗研发上不断取得了进步。有的抗原是使用整个病毒或细菌，有的抗原仅使用触发免疫系统的微生物组成部分，也有的仅使用提供制造特定蛋白质指令的遗传材料而不是整个病毒。得益于基因编码研究的不断进步，疫苗家族已经包括灭活疫苗、弱活疫苗、病毒载体疫苗、亚单位疫苗、核酸疫苗五大类别。随着技术发展，还出现了腺病毒载体疫苗、重组亚单位疫苗等。时至今日，人类除了发现编码 RNA，还发现了大量存在的非编码 RNA（non-coding RNA）。非编码 RNA 是指不编码蛋白质的 RNA，其包括 rRNA、tRNA、snRNA、snoRNA 和 microRNA 等多种已知功能的 RNA，还包括未知功能的 RNA。这些发现也可能会拓宽人类抵抗病毒侵袭新方法的研究。

另外，天花之所以能够被消灭，除了疫苗有效，还由于人类是它唯一的宿主，没有其他宿主动物。2022 年 5 月以来，12 个非猴痘病毒流行国家向世界卫生组织报告了猴痘病毒感染病例。猴痘与天花都属于正痘病毒属。猴痘病毒得名于首先在猴子中发现，但土拨鼠等很多啮齿类动物都携带这种病毒。猴痘病毒出现人际传播现象引起了传染病和流行病学专家的担心。在此之前，非洲大陆之外的首次猴痘疫情于 2003 年出现在美国，是通过合法的宠物交易方式出现的：宠物批发市场上的土拨鼠被从加纳运到美国的冈比亚鼠和睡鼠感染，土拨鼠感染发病后，与之接触的 37 人也随之发病，波及美国的 6 个州。

猴痘病毒与禽流感、狂犬病病毒都属于人兽共患病（见图 1-9）。除了防范与人接触产生的感染外，还需要防范与动物接触可能带来的感染。应牢记同一健康的四个核心原则：一是人类-动物-生态系统中预防优先；二是提升应对全球健康风险和未来挑战的认识；三是从源头防治动物源性病原体；四是建立并完善一个多方（包括兽医）参与的合作机制。

图 1-9　常见人兽共患病

✏️ 拓展阅读：詹姆斯·拉伍洛克的《盖娅：地球生命的新视野》

1979 年，詹姆斯·拉伍洛克（James Lovelock）出版了《盖娅：地球生命的新视野》(*GAIA：A New Look at Life on Earth*)一书，提出"盖娅假说"。地球是一种所有生物与矿物在一起的巨大共生体。共生指的就是有利于所有部分的生物联合，这一超级有机体的特性就是，通过负反馈机制，尽可能地保持一个有利于生命活动的状态。他认为地球是一个自我调节的有生命的有机体，应该把地球看作一个各部分相互关联的整体，而这一整体的任务就是保持所有成员的良性发展[1]。盖娅假说在科学界掀起了轩然大波[2]，但这一假说得到了生物学家琳·马古利斯（Lynn Margulis）的认同和支持；作为内共生学说的主要建构者，马古利斯与拉伍洛克共同将盖娅假说进一步发展成盖娅学说。

1995 年，盖娅假说被重新定义："地球系统的物理、化学和生物组成部分可以调节星球，以维持其作为生命的栖息地"[3]。2006 年，拉伍洛克也因此获得了和查尔斯·达尔文一样的殊荣——伦敦地理学会沃拉斯顿奖章。盖娅假说被誉为新兴学科"地球系统科学"[4]的起点，提摩西·莱顿（Timothy Lenton）在《自然》（Nature）上发文指出："物理系统是稳定的，生物系统可不断自我增殖，因此存在一个生物生长的物理最优状态；行星自我调节的反馈机制产生于生物体的自然选择"[5]。

盖娅假说至少包含五个层次的含义：一是地球上的各种生物有效地调节着大气的温度和化学构成；二是地球上的各种生物影响生物环境，而环境又反过来影响达尔文的生物进化过程，二者共同进化；三是各种生物与自然界之间主要由负反馈环连接，从而保持地球生态的稳定状态；四是大气能保持在稳定状态，不仅取决于生物圈，而且在一定意义上是为了生物圈；五是各种生物调节其物质环境，以便创造各类生物优化的生存条件。

从气候及大气化学，到地貌乃至板块构造的形成，在大量看似与生命无关的过程中，活的有机体都扮演了重要的角色。

蓝藻，学名为蓝细菌，是地球上最古老的原核生物之一，也是长盛不衰、延续至今的生物，更是第一个获得地球外能量的自养生物，为改变地球海洋和大气环境、建立有利于真核生物演化的有氧环境做出了关键贡献。可以说，没有蓝藻就没有今日地球之环境，也就没有我们人类诞生的

---

[1] 陈海滨，唐海萍. 盖娅假说：在争议中发展. 生态学报，2014，34（19）：5380-5388.
[2] KIRCHNER J W. The Gaia Hypothesis: fact, theory, and wishful thinking. Climatic change, 2002, 52（4）：391-408.
[3] LOVELOCK J E. The Ages of Gaia: a biography of our living Earth. 2nd ed. Oxford: Oxford University Press, 1995: 213-216.
[4] 新浪科技. 生存或者死亡的盖亚假说：行星与生命互相塑造.（2018-10-08）[2023-09-20]. https://tech.sina.com.cn/d/s/2018-10-08/doc-ifxeuwws1900848.shtml.
[5] LENTON T M. Gaia and natural selection. Nature, 1998, 394（6692）：439-447.

可能。

目前，蓝藻约有 2 000 种，分布十分广泛，遍布世界范围内的海洋、河流和湖泊。有些蓝藻可生活在 60 ℃ ～ 85 ℃的温泉中；有些与菌、苔藓、蕨类和裸子植物共生；还有些可穿入钙质岩石、介壳和土壤深层。

鱼腥藻等蓝藻含有固氮酶，可直接进行生物固氮，直接固定大气中的氮，以提高土壤肥力，使作物增产（见图 1-10）。地木耳（nostoc commune，学名普通念珠藻）和螺旋藻等也属于蓝藻门。发菜为国家一级保护植物，是一种分布在我国西部和西北部荒漠、半荒漠地区的陆生蓝藻。

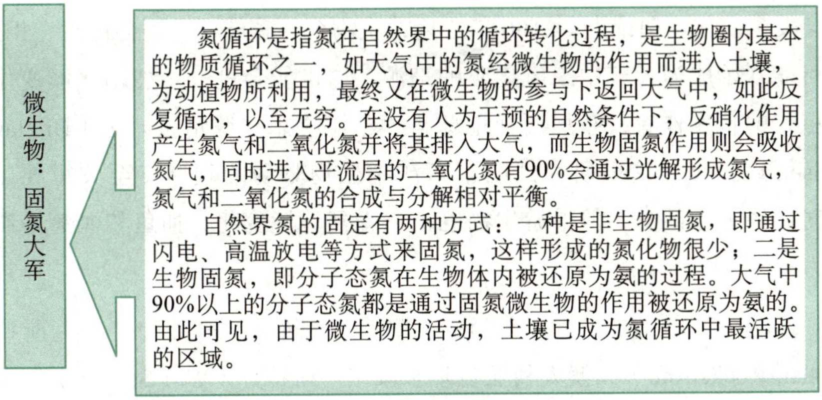

> **微生物：固氮大军**
>
> 　　氮循环是指氮在自然界中的循环转化过程，是生物圈内基本的物质循环之一，如大气中的氮经微生物的作用而进入土壤，为动植物所利用，最终又在微生物的参与下返回大气中，如此反复循环，以至无穷。在没有人为干预的自然条件下，反硝化作用产生氮气和二氧化氮并将其排入大气，而生物固氮作用则会吸收氮气，同时进入平流层的二氧化氮有 90% 会通过光解形成氮气，氮气和二氧化氮的合成与分解相对平衡。
> 　　自然界氮的固定有两种方式：一种是非生物固氮，即通过闪电、高温放电等方式来固氮，这样形成的氮化物很少；二是生物固氮，即分子态氮在生物体内被还原为氨的过程。大气中 90% 以上的分子态氮都是通过固氮微生物的作用被还原为氨的。由此可见，由于微生物的活动，土壤已成为氮循环中最活跃的区域。

图 1-10　氮循环

在盖娅假说这个系统中，浮游生物同样不可或缺。浮游生物是一个巨大的类群，包括浮游植物和浮游动物。浮游动物的类别有甲壳类动物，如螃蟹和贝类等动物幼虫。这些小型浮游甲壳类动物是大型动物非常丰富和重要的食物来源，是海洋浮游动物群落中分布最广、种类最多、地位最重要的一个类群。浮游动物还有一个重要类别，即凝胶状浮游动物，它们的身体柔软且透明，比如水母和栉水母，以及一些蠕虫、软体动物和脊索动物。最小的浮游动物是单细胞原生动物，也称作微型浮游动物，以微型浮游植物为食，约有 3 万种。

浮游植物是生活在海洋中的微观生命形式的统称，包括光合作用细菌、绿藻和其他生命形式。浮游植物被认为占世界生物量的 2% 左右，是海洋生态系统的关键组成部分。为数众多的浮游植物生活在日光带，它们利用阳光来制造食物和能量，在此过程中吸收二氧化碳并释放氧气作为副产品。这些浮游植物死亡后，可能会被其他生物吃掉，也有可能，它们的遗体会迅速沉入海洋的"暮光带"（200～1 000米），体内的碳被储存在远离大气的深海中数百至数千年，实际上创造了固体形式的碳基物质储存，这种现象也被称为生物碳泵。2022年7月，一项关于海洋生物碳泵的研究报告发布在《美国国家科学院院刊（*Proceedings of the National Academy of Sciences of the United States of America*，PNAS）上，报告中指出："在深海中储存的二氧化碳大约是目前大气中二氧化碳的两倍。海洋变暖减缓了循环速度，延长了碳在深海中储存的时间。浮游植物对气候变化很敏感，这个碳库的大小可能会发生变化。理论上，2100年之后，生物泵的碳储存可能会停止，相反，它可能开始成为大气中二氧化碳的来源，这可能会进一步加剧气候变化。"该报告的首席作者，布里斯托地球科学学院杰米·威尔逊博士（Dr. Jamie Wilson）表示："这项研究证明了海洋中生物驱动的碳储存至关重要。我们对此还知之甚少，但浮游生物也正在受到环境变化、捕鱼和深海采矿的压力"[①]。

2009年，英国科学家提摩西·莱顿、德国科学家约翰·罗克斯特伦（Johan Rockstrom）和澳大利亚科学家威尔·斯特芬（Will Steffen）领导的一组科学家首次引入了"行星边界"（Planetary Boundaries，PB）概念，以定义"在稳定的星球上为人类提供安全的操作空间"[②]。该框架为国际社会，包括各级政府、国际组织、民间社会、科学界等，确定了一个"人类安全的行动空间"，作为可持续发展的先决条件。

"行星边界"概念背后的科学原理是，地球的气候稳定性和生态系统恢复力，是动态生物相互作用的结果，现在可以被人类活动彻底改变。人类活动越不加以节制，地球越远离系统恢复原状，发生大规模和不可逆变化的风

[①] WILSON J D, ANDREWS O, KATAVOUTA A, et al. The biological carbon pump in CMIP6 models: 21st century trends and uncertainties. Proceedings of the national academy of sciences, 2022, 119（29）: e2204369119.

[②] Planetary Boundaries. （2015-01-15）[2023-09-20]. https://www.stockholmresilience.org/research/research-news/2015-01-15-planetary-boundaries—an-update.html.

险就越高，因为地球系统过程中的阈值是地球系统的内在特征，包括：气候变化、生物圈完整性的丧失（生物多样性的丧失）、土地系统变化、生物地球化学循环改变、平流层臭氧消耗、海洋酸化、淡水利用、土地系统变化、大气气溶胶负荷、新实体的引入（化学污染）。其中气候变化和生物圈完整性，是科学家们所说的"核心边界"。显著改变这些"核心边界"中的任何一个，都将"推动地球系统进入一个新状态"。

2015年1月，由18名研究人员组成的国际团队在《科学》（Science）杂志上发文表示，人类活动现在已经跨越了9个行星边界中的5个，分别是：气候变化、生物圈完整性的丧失、土地系统变化、生物地球化学循环改变（磷和氮）和新实体的引入（化学污染）[1]。

气候变化：气候变化已超过该项行星边界，处于不确定的高风险区域。全球热浪的强度、频率和持续时间增加，并且世界许多地区强降雨事件的数量正在增加；大气环流模式的变化加剧了世界某些地区的干旱；格陵兰和南极冰盖的综合质量损失率正在增大；等等。

生物圈完整性的丧失：生态系统退化程度的增加已超过该项行星边界。

土地系统变化：以全球林地面积占原始森林覆盖的比例为75%来衡量，测定值仅为62%，已超出该项行星边界。

生物地球化学循环改变（氮和磷）：一些氮肥、磷肥施用率非常高的农业区是越界的主要原因，过度使用会造成水生生态系统富营养化。

新实体的引入（化学污染）：最新研究表明，有机污染物、塑料、重金属等化学污染物的排放数量或浓度已超出该项行星边界。

"行星边界"概念对全球可持续发展计划产生了重要影响，2015年通过

---

[1] STEFFEN W, RICHARDSON K, ROCKSTRÖM J, et al. Planetary boundaries: guiding human development on a changing planet. Science, 2015, 347 (6223): doi1259855.

的联合国可持续发展目标（Sustainable Development Goals，SDGs）中以多种方式回应了这一要求。

2022年9月，行星边界研究团队在《科学》杂志上发布了一项最新研究，重新评估了自2008年以来科学界发表的200多篇关于临界点的论文数据。通过研究发现，现在全球主要气候临界点可能增加到了16个，如亚马孙热带雨林枯萎、北极海冰面积减少、全球珊瑚礁大规模死亡，等等。令科学家们担心的是，全球的临界点是相互关联的，一个临界点被突破，可能会增加其他临界点被突破的风险[1]。一旦气候变化的多米诺骨牌被推倒，全球的级联效应（global cascade）将变得不可避免。

人类赖以生存的地球及其所处的宇宙是超复杂的巨系统，气候变化与其他诸问题都是相互关联的，是人类生活之具体且宏大的背景。所以，对于每一个人来说，首先，要能够理解自己身处于生命之网中，万物都有其天生可辨认的特征、目的和行为方式，故而有其独一无二的价值；其次，要了解到可以通过观察来了解世界，且观察的结果对于将来的决定很重要，但光有知识是不完整的，因为这个世界非常复杂，而且一直在改变，自己的行为（和他人的行为）会影响这个世界，让它变得更好或更糟。在行星意识水平，"同一健康，同一星球"（One Health，One Planet）。

插画故事

《圣诞岛的"红色海滩"》

位于印度尼西亚爪哇岛以南300多公里的东印度洋圣诞岛（属澳大利亚管辖）上有一种红蟹，它们生活在寒带的海岸与内陆湿地之间，作为独特而关键的物种，对圣诞岛的生态和文化价值至关重要。

红蟹凭着其庞大的数量和行走方式越过了海洋与陆地之间的生态障碍，为沿着海岸线生活的其他生物提供了重要的食品和营养来源。红蟹

---

[1] 澎湃新闻. 气候临界点追近：不可逆的影响和积极的"转折点". （2022-09-23）[2023-06-10]. https://www.thepaper.cn/newsDetail_forward_20012845.

幼虫在降雨季节从湿地流入海洋，成为食物链的一个环节，同时红蟹的脱皮也成为海洋与陆地之间能量流动的一部分。红蟹在环岛步行时，以"击碎者"的威力，促进蚯蚓、其他节肢动物、脊椎动物和空气水分呼吸所需的微生物生长等的地质循环。同时，它们推动草本植被的枯叶和其他有机物质制造蝴蝶状的土壤，增加了岛内 7 400 个末端的微生物生长，并影响了钙和氮等元素在岛上的分布。

11 月至次年 1 月是红蟹的繁殖期，成千上万的红蟹从内陆湿地到海滨行走，为的是在海滩上产下幼虫，它们所到之处都被染成了鲜红色。整个海滩覆盖着巨量的红色脆壳动物，一片火红色。这个景象非常壮观，极大地增添了圣诞岛的旅游吸引力（见图 1-11）。

图 1-11　圣诞岛的"红色海滩"

注：张媛媛创作，卡文收藏。

值得一提的是，为了保护这一生态系统，圣诞岛的政府管理部门也会采取措施来限制游客数量和游览时间等，确保对红蟹和生态环境的保护与尊重，也是为了保证当地旅游业的可持续性与可维护性。

课堂活动：朴门永续的同一健康关系图谱

> 工业革命的不断发展削弱了地方经济，并增强了国家内部的流动性，当地共同体失去了很多重要意义，直至失去了作为共同体的职能，第一次启蒙思想所鼓励的个人主义加速了这一进程。当前的全球危机是人类进行反思的机遇，使我们意识到共同体的重要性，特别是面对严峻的共同问题。人们要能首先认同当地共同体，并通过共同体的努力解决问题，从而建立新生活。然而，由地方共同体组成的世界都面临着重要资源稀缺的问题，这很容易滋生暴力冲突，而这样的世界是不可持续的，也不是生态文明所需要的。在一个共同体中过于认同自己的个人，可能会认为其他共同体是实际或潜在的威胁，这是我所展望的地方共同体首先必须要克服的问题。①

思考：对于这段话，你有何理解？

_____

_____

_____

_____

_____

_____

带着以上思考，回顾前文所学的"同一健康"概念，阅读本节的案例资料，开展以下课堂活动。

步骤1： 仔细阅读以下关于朴门永续的资料：

1972年，罗马俱乐部（Club of Rome，一个由来自学术界、民间社会、外交使团和工业领域的专家组成的关注全球人类的智囊

---

① 柯布. 生态文明与第二次启蒙. 王俊锋，译. 山东社会科学，2021（12）：37.

团）发布了一个报告《增长的极限》(The Limits to Growth)，该报告预测，按照当时以消耗自然资源的发展方式，经济将会崩溃，因为自然资源是有限的。当时在澳大利亚塔斯马尼亚大学任教的比尔·莫利森（Bill Mollison）和他的学生戴维·洪葛兰（David Holmgren）想寻求一种积极正面的解决方式。1974年，比尔和戴维共同建立了一个可持续农业系统模型，从生态多样性出发，希望建立一个可持续的农业系统，比如利用多年生的乔木、灌木、草本、真菌等，共同构建一个相互支撑的稳定系统，也就是后来所说的食物森林，并创造了"permaculture"这个词，该词是由"permanent"（永续的）与"agriculture"（农业）组成的。他们提出了朴门永续设计的概念，并出版了系列书籍，帮助设计者以观察生态系统间的互动为基础，从自然界中找寻各种可仿效的生态关系，用符合自然生态原理与生态整合的方法，以关爱地球（care for the earth）、关爱人类（care for people）和公平分享（fair share）为原则，设计人类赖以生存的空间以及生活，来创建可持续自给自足的系统，以促进生物多样性、韧性和社会公正[①]。

朴门永续正在全球范围内的城市和农村地区实施。它被用于创建可持续的食品系统、建设韧性社区和促进环境保护。在许多地方，朴门永续已被整合到教育系统中，以教授人们关于可持续生活和农业的知识。

一个具体的案例来自古巴。1962年，美国禁运使古巴无法参与国际贸易。1989年，古巴又与苏联中断了贸易，该国面临前所未有的经济危机。没有动物饲料、肥料和燃料，古巴岛上的农业生产就无法持续。缺乏石油，便无法制造农药和化肥，不能大量运用拖拉机和各类工业设备，最终也无法建构起运送蔬菜、肉类、水果的交通和网络。在这种情况下，古巴政府重新整修岛上的农业，大力支持有机耕作、另类农作物和义工参与的种植计划。哈瓦那朴门永续都市农业是当中的模范，从不同规模的阳台花园到多公顷的农

---

① 莫利森. 永续农业概论. 李晓明，李萍萍，译. 南京：江苏大学出版社，2014：12.

地，都是哈瓦那的农业地带。哈瓦那生产的粮食除供人类和动物食用外，还可以支援生产堆肥、生物燃料和畜牧业的运作。政府也提供培训和支持，主持几十所受资助的农产品特卖场、3个堆肥生产基地、7个手工农药实验室和40个兽医诊所。如今，哈瓦那市内超过90%的蔬菜都是自给自足的，该项目已成为可持续城市农业的典范[①]。

世界面临的与气候变化、粮食安全和社会公正等问题相关的挑战越来越多，朴门永续农业提供了一种解决方案，可以帮助我们建立具有韧性和可持续性的社区。中国的朴门实践正式开启于2012年左右，《向大自然学设计》被乐享自然工作室推荐给更多热爱生态种植的人们。此后，食物森林、儿童朴门、户外教室、可食地景、社区花园等一系列朴门工作坊在国内遍地开花。

四川美术学院靳立鹏博士在校园里发起的生态艺术实践项目"愈园计划"整合了艺术、生态、教育、疗愈、科学与社会等多个维度，运用了系统思考、社会雕塑与联系式美学等理念。愈园是自然在建筑垃圾场上重获新生的见证，它让食堂的生厨余重新变成了沃土，在人与自然的联结中，艺术也悄悄诞生了，它延伸到了宿舍楼，把灰暗的楼道变成一个艺术空间，成为社区共学的载体，延伸至社区的公共空间，将整个大学社区看作一个传播永续理念的生态系统。自2008年开始，深圳质朴·归芯源[②]的朴门永续设计师用园林绿化废弃的树枝、杂草、落叶、厨余豆渣等进行堆肥实验，结合中国传统农耕，在国家风景区深圳市梧桐山下实践生态种植，经过十多年的努力，成功种植出无农药、无化肥、无除草剂的健康营养的应季蔬菜。

先后成立于2014年、2015年的千岛湖生态村和三生谷生态村，是浙江重要的朴门实践及教育基地。作为中国千岛湖国际生态社区

[①] CARAWAY R T. The spiritual dimensions of the permaculture movement in Cuba. Religions, 2018, 9 (11): 342.
[②] 质朴·归芯源于2021年迁往惠东大岭，建设打造一个中型规模（占地100多亩）的朴门永续设计农场，继续探索可持续发展的生活方式。

联合会发起单位，千岛湖生态村将老子《道德经》中道法自然、天人合一的思想与国内外生态村的实践经验相结合，建设与万物和谐、共存共荣、一村一天堂的国际生态村。江苏东台原宿自然环保农场在 2015 年 6 月将自然建筑实践工作坊引入国内，实践生态环保建筑，例如土团房、土袋屋、螺旋顶圆屋等，并将本土传统自然建筑技艺与之结合起来，应用于旱厕羊圈、茶室卫浴、土袋房卫浴、轻质木屋教室等建设。

此外，还有依土生活社区、土团之家、四叶草堂、朴自然、朴行者、朴门学院、耘野工作室，以及北京凤凰公社、北京自然之友·盖娅设计、丽江维岛自然农场等在各地发展。

2022 年 10 月底，在朴门中国实践十周年之际，一场别开生面的丰收节活动在"云谷农场"的稻田间举行，包括古礼开镰仪式、人工收稻以及村民们自创的即兴舞蹈和鼓表演，中洪村的村民及游客们共享丰收喜悦。一旁的稻田小市集上展出了众多具有云谷农场特色的手工制品，有环保材料制成的手工皂、自制米糕米团，以及香浓的奶茶，等等。云谷农场位于上海市金山区枫泾镇中洪村，农场虽小，但其产出的果蔬粮米已成为生态圈内的知名产品。

步骤 2：在以上案例信息的基础上，查找更多的资讯及文献资料，仔细研究朴门永续项目的基本原则，就以下问题进行讨论，小组成员分享自己的想法及理由。

古巴是在缺乏石油制造农药和化肥的背景下开展朴门农业的，当前如果要开展朴门项目，是否有条件找到良好隔离的地理位置？如果不能，是否自有的朴门项目会面临相邻地区使用农药和化肥而产生的不良影响，这一难题是否有方法破解？

步骤 3：从新闻资讯中筛选出一个在本地或较近地方开展的朴门永续项目，并去实地走访，做好观察记录，并就上面的问题请教工作人员。

步骤 4：根据走访，制作一个同一健康关系图谱，找出该朴门永续项目中的各影响要素，并解析各要素之间的相互影响方式是如何帮助达成朴门永续的。

步骤 5：以校园为背景，尝试设计朴门永续项目，并通过讨论优化方案。

步骤 6：思考从对这个话题的讨论中得到的收获，以及此刻的感受。

步骤 7：列出接下来可能想要采取的行动。

主题二

生命的感知

- 什么是生命的感知?
- 读一首诗:《野》
- 生命福祉:感知疼痛意味着什么?
- 拓展阅读:露丝·哈里森的《动物机器》
- 插画故事:《狩猎地雷的小英雄——马加瓦》
- 课堂活动:认知的突破

> 感知是生命的能力之一。
>
> 我们能意识到：我们的基本需要，我们的感觉，我们在何处，我们和谁一起，我们如何被对待。动物，包括人类在内，在福利状况不佳时，在感受到痛苦时，会主动回避这种痛苦，去寻求爱、尊重和幸福等积极的体验。

✏️ 什么是生命的感知？*

感知是生命有别于非生命的关键特征

生命的感知，就是感官的觉知，是视觉、听觉、嗅觉、味觉、触觉、痛觉等所有基本感官功能的统合。

生命正是凭着这些感知能力来了解外部世界，与外部世界相互作用，形成趋利避害的刺激 - 反应行为模式，并反过来界定自己。

感知是生命本身

很多年前，我读过一个海外奇闻，讲一个孩子得了一种怪病，失去了痛觉，手指被割破了也不觉得疼。这个奇闻是不是真事，暂且不论，不过，却让我不禁思考：生命是什么？如果这个孩子不知道疼，如果后背受了伤，他感觉不到，内脏有了病，他也感觉不到，那他还怎么活下去？

2022 年年底，ChatGPT 横空出世，引起了关于人工智能的广泛讨论。有更多人在讨论奇点，即那个构成人机关系分水岭的转折点。与之同构的一个问题是：要怎么样，机器人才不再是机器，而是变成了人？我曾给出这样的回答：机器人有了痛觉，就算变成人了。

年少时常被教育，人最重要的是要有理性。能用理性控制感性，才是正人君子，否则就是衣冠禽兽。我曾对此深信不疑，崇尚理性，否定感性，贬低感性。直到某一日，在一个现代艺术展上，看到了一张小卡片，上面写着：“如果没有手和脚，我们要脑袋做什么？”顿时觉得五雷轰顶，脑袋嗡地一下：如果没有手和脚，我们的脑袋就是"缸中之脑"啊！如果我们的感

---

* 本节主笔人为田松。

性常常处于被压制、被贬斥的状态，感性必然得不到充分的发育。人失去了感性，岂不是成了木头。这时我才开始反过来想：感知才是生命的基础，甚至，感知才是生命本身。

感知是自我意识的基础

感知是生命的基本能力，是有别于非生命的关键特征。生命之所以是生命，首先就在于有感知。有感知，才有自我意识——才能意识到"我"的存在，进而能够把"我"与"非我"区分开来。

也就是说，一个生命，正是因为有感知，才有了"我"，才有了属于"我"的喜怒哀乐，才成其为生命。一个生命，也是因为有感知，才能与"非我"的外部世界沟通、交流、互动。

有了明确的自我意识，一个人就明确地知道，是"我"在听，是"我"在看，是"我"在做，并会承担这些行动带来的后果。人们常说的"巨婴"，就是缺乏鲜明的自我意识，不能承担对于自己生命的责任，也不能承担对于他人、对于社会、对于其他生命的责任。

生命的丰富程度取决于感知的能力

生命的基础在于感知。一个生命的饱满和丰富程度，取决于这个生命的感知能力有多敏感，有多精微。一个人的感知越丰满、越精微，他对外部世界的了解就越全面、越细致，他的生命也得以生长，更能感受到生活的滋味。

一个人如果味觉不发达，就无法享受美食。因为所有食物对他而言，味道都差不多。那么，食物对他来说就只是维系生存的原料，而不是生活的滋味。

一个人如果嗅觉不发达，就无法闻到各种花的香气，也不会发现身边有恶臭，当然也无力躲开污秽之气，更不会寻找、清除家中隐秘角落的污垢……这就失去了与嗅觉相关的使之趋利避害的刺激-反应行为，便失去了这一部分的生命。

一个人如果没有痛觉，就不知道自己的身体遭受的伤害，就不会珍惜自己的身体，不会珍爱生命，甚至感受不到自己的存在。

人的形而上品质是建立在基本感知之上的

在这些基本感官具足之后，生命还会同时产生出超越单一感官的、更加抽象的感知，比如美丑、善恶、是非，等等。

对于生命的存在来说，美丑、善恶、是非这些感知与味觉、嗅觉、痛觉等基本感知同等重要；对于生命的社会属性而言，这些感知甚至更为重要。

感知是生命之间彼此相处的基础

"将心比心"，是生命与外部世界打交道的原初模式。作为"万物之灵长"，人是用对待"灵"的方式来对待世界万物的。所以，全世界几乎所有民族的祖先都曾相信万物有灵。

生命有自我感知的能力，也有感知外部世界的能力。人以与自己相处的方式与外部世界相处。"己所不欲，勿施于人"（《论语·颜渊》），这是人与人相处的基本原则，这个原则便来自"将心比心"。

人与人相处如此，人与猫狗相处也是如此；推而广之，人与花草树木相处也是如此。生命之间的感知是相通的。

一个人能够理解另一个人，一个生命能够理解另一个生命，两个生命之间形成跨越物种的友谊，便在于二者有共同的、共通的感知。

感知是同理心的基础

一个孩子摔倒了，手臂磕破了，他会感到疼。他的母亲也会感到疼，因为孩子的疼而疼。这种疼不是比喻意义上的，而是生理意义上的，是切肤之痛。

"恻隐之心，人皆有之"（《孟子·告子上》）。看到一个孩子摔倒了，摔伤了，旁观的人也会感到不同程度的疼痛。因为他人的疼痛而疼痛，这是生命之间的感知。所以，人们在看电影时，一旦出现残暴的镜头，很多人会捂上眼睛，不忍去看。这种不忍，源于为他人的疼痛而产生的疼痛。人的同情心、同理心，都是来自这种对他人疼痛的感知。

然而，如果一个人感知迟钝，就如那个生了怪病的小孩，把自己的手指掰断了都不觉得疼，那他便不可能为他人而疼。不能感知自己的生命，便无从感知他人的生命，也无法做到"将心比心"，更不会生出恻隐之心、同情心、同理心。

这些人的生命是单薄的、贫瘠的。

感知的能力是在生命共同体中生长出来的，是生命之间相互建构的

生命是生长的，不是制造的。一个生命是与其他生命共同生长的，彼此共同确认为生命。如果一个人从小生活在满是机器的环境里，除了他自己之外，其他都是机器，那么，无论机器多智能，饮食多充足，他都不可能发育成完整的、有充分感知的生命。

我的童年是在东北农村度过的。那时的东北农村，没有农药，没有化肥，村里村外都生机勃勃，是一个生命共同体。我家里有猫有狗，屋檐下有燕子，树上有麻雀，院子里有花草、鸡鸭，田地里有蔬菜、庄稼，田地边有野草，草地里有蚂蚱、蜻蜓，地下有蚂蚁、蚯蚓……孩子们从小就与各种形态的生命打交道，对于自己的感知，对于其他生命的感知，都是在这个过程中生长出来的。

生命与生命是相互确认的。你把花草视为生命，便能够感知到花草作为生命的丰富和美好；你把花草视为没有生命的，便感知不到花草的生命，花草便只是材料。你把猫狗视为生命，猫狗便以生命回应你；你把猫狗视为工具，猫狗也会以工具回应你。人与动植物的关系，折射了人与自身的关系。

生命是在地球上演化出来的，是所有生命共同演化的。地球上的所有物质都受三个周期的制约：地球绕太阳转，以年为周期；月球绕地球转，以月为周期；地球自转，以日为周期。所有生命都是在这三个周期的制约下演化出来的，也响应着这三个周期。这是生命共同体能够互相感知的

基础。

结语：感知即存在

感知是生命的基础，感知是生命有别于非生命的能力和特征，感知的能力就是生命的能力。

感知的能力，是生命自身感知幸福的能力，也是感知外部世界，与外部世界相处的能力。

能够将心比心，能够有恻隐之心、同情心、同理心，便能够与外部世界的生命构成一个生命共同体。使自己成为那个共同体的一员，并作为生命共同体的一员而存在。

读一首诗：

野

巫小茶

二零二零年春，城郊
不知名的路口熬过了一个漫长的冬天
草啊、果啊、蜂啊、鸭啊、鸟啊，纷纷野了起来
一些小仔子就这么大大方方地
蹦到这个世上来
年纪大点儿的记性也不好
两个月不见人便不知有人间，有疾苦

> 野着生，野着死，似天地真传
>
> 千万年来的天真
>
> 才刚野出了一点儿苗头
>
> 便惊动了我心头那片不知名的空谷中
>
> 一群放养于时间之外的马

📝 生命福祉：感知疼痛意味着什么？

> 我想坚持的观点是：苦难是一件坏事——有些苦难是可以避免、可以缓解的，但绝不要蓄意将苦难加之于人。苦难不是要去炫耀，不是要给它一个"尊贵的位置"，而是应该被排除、减少、减轻。应给予受难者帮助和安慰，而非对之存有疑心。在自然灾难造成的痛苦背后并没有目的，没有理由对故意施于苦难的行为给予认可。
>
> ——内尔·诺丁斯（Nel Noddings）

人类被描述为"有知觉的"，是因为人类具有意识、感觉、情绪、知觉，每个人都可以通过某种方式表达出自己所感到的疼痛、苦楚、恐惧、沮丧和幸福。

什么是感知能力？

首先，感知是指主体对事物的理解或感受，包括对内外界信息的觉察、感觉、注意、知觉的一系列过程，可分为感觉过程和知觉过程。

其次，感知是指主体对客体的主观感受（feel）、察觉（perceive）或体验（experience）的能力。感知能力是意识能力的基础，意识的产生以感知为条件。

此外，18世纪的哲学家用这个概念来区分思考能力和感觉能力。

想想看，如果你的手不小心被火炉烫到，你会立刻感到疼痛并快速将手收回。从这一意义上说，疼痛保护了你。它告诉你，你的身体正处于危险中，应立即远离危险，保全自己。

很多时候，人们会混用疼痛（pain）和痛苦（suffering）。人们常把由组织损伤、炎症、神经问题等引发的感受，称为"疼痛感"。相对于身体的疼痛，其实痛苦更多是一种主观心理感受，包括恐惧、焦虑、愤怒、绝望等。人们在不被尊重以及关系连接破裂时会在心理上感到痛苦，如失去亲友、失业、贫困、疾病、婚姻破裂等。人们发现身体疼痛会引起心理痛苦，而情感压力和焦虑等心理因素也可能加剧身体疼痛的程度。

疼痛或痛苦是一种保护机制，提示我们该避免某种刺激或行为，被誉为生命与环境互动时的报警器。那么，医学界是如何定义疼痛的？

国际疼痛学会（The International Association for the Study of Pain，IASP）在2018年成立了一个由疼痛领域相关的临床和基础科学研究人员组成的跨国别工作组，共同评估当前疼痛的定义，并讨论如何对其进行改进。工作组认为：第一，疼痛的定义应适用于所有疼痛状况（急性或慢性疼痛，伤害性或病理性疼痛）；第二，疼痛的定义应适用于人类和非人类动物。应尽可能从经历疼痛者而不是外部观察者的角度来定义疼痛。2020年，疼痛的新定义终于出炉。

旧定义

疼痛：一种与实际或潜在组织损伤相关的不愉快的感觉和情感体验。（An unpleasant sensory and emotional experience associated with actual or potential tissue damage, or described in terms of such damage.）

新定义

疼痛：一种与实际或潜在组织损伤相关的或类似的不愉快的感觉和情感体验。（An unpleasant sensory and emotional experience associated with, or resembling that associated with, actual or potential tissue damage.）

动物有知觉吗？

有多少动物是能感知痛苦的？这个问题对人来说重要吗？

美国埃默里大学的科学家们训练狗自愿进入核磁共振扫描仪并待在里面，他们观察狗的大脑的尾状核部分。在人类大脑中，尾状核是对我们喜欢的事物——比如食物、音乐甚至审美偏好——做出反应的部位。研究人员惊讶地发现，在看到指示食物的手势，或闻到熟悉之人的气味时，狗的尾状核活动信号增加。当主人暂时离开视线又返回后，狗也会有积极的回应。许多狗对主人的食物奖励和赞美同样反应积极，这表明它们对我们的感情不仅仅是由食物激发的。

老鼠是聪明、敏感的群居动物，它们能够学习并对自己的名字做出反应。它们还可以被训练做一些特技，比如"击掌"、拿球和翻滚。有隐藏奖励的行为实验甚至表明，它们可以数到四。老鼠是很有感情的，它们会和人类看护者建立亲密的关系。它们喜欢被"挠痒痒"，而且会记住哪些人给它们挠过痒，和它们一起玩耍过，它们更愿意和这些人待在一起。它们也有一种"公平感"，更喜欢其他老鼠得到和它们一样的待遇。

图 2-1　海葵与小丑鱼

海葵全身只有一个简单的神经网络，而没有大脑或中枢神经系统。这意味着它们不太可能有知觉或意识到自己的感受。但海葵仍然表现出一些行为：它们可以四处移动（尽管移动得非常缓慢），躲避捕食者，用它们带刺的触须互相争夺空间（见图2-1）。它们甚至表现出不同的"个性"——一些海葵在受到威胁时总是表现得很"胆大"，这些胆大的海葵往往是更好的战士。然而，目前还没有任何证据表明海葵能够意识到这些行为，或寻求积极的体验。

水母有一个神经网络，但没有中枢神经系统或类似于大脑的器官。然而，它们仍然会对环境做出反应，包括漫游、在水中上下移动、躲避捕食者和聚集在一起等行为。水母也会"睡觉"——科学家通过视频监控发现，在夜间水母的脉动频率较低。如果它们在晚上受到干扰，第二天的活动就会减少。但目前还没有任何证据表明水母能够意识到自己的情感或行为，或者能够忍受痛苦（见图2-2）。

十足目甲壳类动物，如龙虾、螃蟹和虾（见图2-3），长期以来被认为是不能感觉到疼痛的，但事实并非如此。科学研究表明，螃蟹对轻微电击的疼痛有反应，这不仅仅是一种反射反应。寄居蟹甚至会做出判断：是留在高质量的壳里忍受轻微的电击，还是转移到低质量的壳里以保证不会被电击。最终的选择结果取决于它们对疼痛的评估。人类也会根据疼痛的程度做出逃避或忍耐的决策。

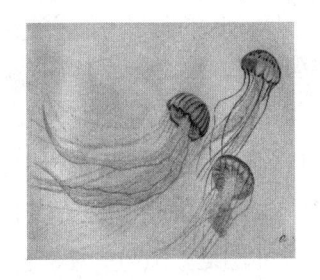

图 2-2　水母 　　　　　图 2-3　虾

蜜蜂则会表现出应激的反应。英国纽卡斯尔大学的科学家们发现，当盒子里的蜜蜂被轻轻摇晃后，它们就不愿意去体验新事物了。这种消极的行为经常被用来辨别动物的悲观情绪。令人欣慰的是，伦敦玛丽女王大学的研究人员发现，这种悲观情绪可以通过吃甜食来扭转。尽管目前仍不能确定昆虫是否有知觉，但我们应用"预警原则"来对待它们。这意味着保留这种怀疑，把它们当作可以感知痛苦和拥有积极的感觉的生命来对待。

你可能见过有人售卖一种活体吊饰：一个不足巴掌大的密闭小瓶子里装一条色彩鲜艳的小金鱼，或者一只小乌龟。这会不会让你产生一些思考：它们愿意生活在这样狭小封闭的空间里吗？它们能感受到痛苦吗？

人类对于"动物能不能感受到痛苦"的讨论历史悠久，对于动物生活状态的描述见诸古典文学和宗教作品，古代哲学家、伦理学家对此的关注度并不亚于今人。人类首先接受的是动物与人类在生理结构方面相似，在这一前提下，建立起动物与人类一样面临着受伤害的可能性，一样拥有复杂的生理调节系统这一认知。比如，人们总是可以观察到猫、狗、老鼠、马等动物腿部受伤后，和人一样会跛行，以避免让受伤的肢体承受身体的重量。这种"疼痛防御"行为倾向于保护受伤的身体部位，以免再次受伤。

对于动物身体的疼痛是否会带来其精神上的痛苦，动物是否拥有不同的情绪情感，是否能对环境进行控制与改造，则观点不一。例如，在17世纪上半叶，以笛卡尔为代表的一些哲学家认为动物就像机器一样，是没有理性的，它们与人类没有任何相似之处。这个观点被历史上的很多人采用，特别是那些认为对动物的剥削是理所应当的人。而与笛卡尔针锋相对、论战十多年的皮埃尔·伽桑狄（Pierre Gassendi）认为，动物的思想和"理性"与人类并无根本的差异，仅在成熟程度上存在区别。

现代科学研究为我们理解其他非哺乳类动物也会感到痛苦提供了支持。例如，鸟类和鱼类也有伤害感受器，所以当受到外界侵害时，它们也会感觉到疼痛。人类的痛觉感受器可以同时对热和化学刺激有反应。虹鳟鱼也一样，生理学家林恩·斯内登（Lynne Sneddon）在虹鳟鱼的嘴上发现了58个特殊的感受器，其中22个感受器可被归类为痛觉感受器。在显微镜下，这些感受器与人类的痛觉感受器极其相似，能将信号传递到大脑，受刺激后虹鳟鱼的反应跟人类一样——首先是躲避，之后是行为异常，在科学家给它注射吗啡后，其行为就正常了。

与身体遭受损伤带来的疼痛相比，社会疼痛是指个体在感觉到被自己所渴望的社会关系排斥时，或者被自己渴望与之建立社会关系的同伴或群体贬损时，出现的一种特定的情绪性反应。美国心理学教授马修·利伯曼（Matthew Lieberman）和他的研究团队对社会疼痛的神经机制进行研究，发现人类的社会疼痛与物理疼痛共享一套神经机制。

马修·利伯曼在《社交天性》（Social: Why Our Brains are Wired to Connect）一书中这样写道："社会威胁似乎'劫持'了物理疼痛系统，强迫疼痛系统去做它一直在做的事情——提醒我们危险临近了，我们的某个基本需求已经受到威胁"[①]。"撕心裂肺的痛苦"这听起来带有隐喻的语言，在很大程度上其实并不仅仅是隐喻，心痛不是矫情，而是真痛。"想想我们用来

---

① 利伯曼. 社交天性. 贾拥民，译. 杭州：浙江人民出版社，2016：62.

描述遭到社会排斥或经历社交失败时的感觉的语言与描述身体上的疼痛的语言几乎别无二致"①。

那么，动物对于他者的痛苦是否有反应呢？

2011年，芝加哥大学神经生物学家佩姬·梅森（Peggy Mason）在《科学》杂志上发布报告，指出老鼠们的亲社会行为让人震惊——"老鼠看同伴被困会着急，美食当前也会先救同伴，让同伴获得自由与吃巧克力一样重要"②。研究人员还发现，雌鼠比雄鼠更友善，雄鼠解救同伴时可能表现拖拉，但雌鼠不会。

这个研究被认为是同理心研究的重要里程碑，同理心被认为是动物进化中的重要特性。同理心对亲社会行为决策有动机功能和信息功能，不仅能够增强帮助他者解除困境的动机，而且有重视他者福利和想帮助他者消减所陷困境程度的信息。

> 同理心（empathy）：是指在人际交往、人与自然互动过程中，能够体会他者（包括人和动物）的情绪和感受，理解他者的立场和想法，并站在他者的角度思考和处理问题的能力。③

猪是一种非常有社交情感能力的动物。猪的社交行为和情感相关脑区结构比我们之前想象的更加复杂。在一项研究中，猪被训练去触摸呈现在屏幕上的图片。当猪触摸到图片中有露出痛苦表情的其他猪面孔时，它们会停下来，贴着屏幕"感受"片刻，好像在感受其他的痛苦一样④。通过监测猪大脑内神经元的活动，研究人员发现猪与人类在感受他者疼痛时激活的脑区有所重叠。这表明猪拥有类似于人类的同理心神经网络，能够感受别的猪的痛

---

① 利伯曼. 社交天性. 贾拥民, 译. 杭州：浙江人民出版社, 2016：62.
② 生活日报. 其实老鼠也有同情心.（2011-12-11）[2023-06-20]. http://paper.dzwww.com/shrb/content/20111211/Articel11003MT.htm.
③ 张媛媛, 马翰林, 苏佩芬. 基于心智模式改善的生命关怀教育. 广州：广东人民出版社, 2022：100.
④ AO W, GRACE M, FLOYD C L, et al. A touchscreen device for behavioral testing in pigs. Biomedicines, 2022, 10（10）：2612.

楚和苦难。

有研究者发现，果蝇能够感受到机械性疼痛，受伤的果蝇在身体伤口愈合后很久仍能体验到残留的痛苦，果蝇在被阻止逃跑后，会放弃并表现出习得性无助，很像是抑郁[1]。另一项研究不仅发现接触死亡果蝇的果蝇衰老得更快，还确定了对看见死蝇做出反应并引发这种快速衰老的神经元[2]。这些研究为理解昆虫的感知和情感能力提供了新的线索，这对于探索不同生物之间的感知和互动能力带来了挑战与新的认识。

总有一天，人们会认识到，腿的数量、皮肤绒毛的形态、骶骨终端的形状都不足以作为让一个有感知能力的生命遭受类似厄运的理由……问题不在于"它们能推理吗？"，也不在于"它们能说话吗？"，而在于"它们会感受到痛苦吗？"。[3]

继《物种起源》后，达尔文还出版了《动物和植物在家养下的变异》（*The Variation of Animals and Plants under Domestication*）。在晚年时期，他对动物的观察更加细腻，尤其关注动物利他性的研究。他在后来出版的著作《人类的由来及性选择》（*The Descent of Man and Selection Relation to Sex*）和《人和动物的感情表达》（*The Expression of the Emotions in Man and Animals*）中，预料到了认知科学近年来出现的突破性进展，尤其是社会性在物种演化（evolution）过程中的重要性。他注意到了大多数动物的社会性，甚至它们的情感和道德责任："每个人肯定都注意到了马、狗、羊被迫与它们的同伴分开时有多么痛苦，以及它们和同伴团聚时彼此之间表现出的

---

[1] KHUONG T M, WANG Q P, MANION J, et al. Nerve injury drives a heightened state of vigilance and neuropathic sensitization in Drosophila. Science advances, 2019, 5（7）：4099.
[2] GENDRON C M, CHAKRABORTY T S, DURAN C, et al. Ring neurons in the drosophila central complex act as a rheostat for sensory modulation of aging. Plos biology, 2023, 21（6）：e3002149.
[3] 边沁. 道德与立法原理导论. 时殷弘，译. 北京：商务印书馆，2000：157.

发情感有多么强烈"[1]。

1809年，达尔文出生那年，英国财政大臣艾尔斯金勋爵（Sir Althop）提交了一份保护役畜的法律草案，草案中要求减少驴所受的折磨。1822年，英国通过了《马丁法令》（Martin's Act），禁止无理由欺凌动物，并要求人们采用合理的方式尊重和对待牲畜牛[2]。这是人类首次将动物福祉保护上升到法律制度层面。这年，13岁的达尔文正在英国施鲁斯伯里私立中学读书[3]。1849年，英国《防止残忍对待动物法令》（Prevention of Cruelty to Animals Act）规定，"不可采用会造成动物不必要疼痛或痛苦的方式来运送或运输动物"。

这些疼痛或痛苦与动物的适应性息息相关。适应性是"一个物种进化出能够在特定环境中生存的特征的过程"，也就是经过自然选择而能够成功生存，这种生物与环境的关系理论最早是由达尔文在1859年出版的《物种起源》中提出的。适应性使物种能够在栖息地成功地生活，生活在不同栖息地的物种需要不同的适应性。适应可以是行为上的——所做的某件事，也可以是身体上的——身体的某一特定特征，帮助物种生存。

以应对缺水为例，有两种适应方式：一是行为适应，指生物为了应对缺水而改变自己的行为，例如动物只有在凉爽的夜晚才会活跃；二是身体适应，指生物进化自己的身体来应对缺水，例如骆驼的驼峰。达尔文也观察到加拉帕戈斯群岛上的鸟似乎为了适应岛上的生存环境而改变了鸟喙的大小。

与此相对的一个概念是应激（stress），这是加拿大病理生理学家汉斯·塞里（Hans Selye）于1936年首先提出的。他认为应激是机体对外界或内部各种刺激所产生的非特异性应答反应的总和。巨大温差、气压差、强光刺激、雷电，以及严重的环境污染等外部环境刺激，个体内环境平衡的失调，竞争失败、丧失亲人等心理社会因素，都可以引起应激反应，被称为应激源。应激对健康具有双重作用，适当的应激可提高机体的适应能力，但过

---

[1] 达尔文. 不可抹灭的印记之人类的由来及性选择. 潘光旦, 胡寿文, 译. 长沙: 湖南科学技术出版社, 2015: 160.
[2] 施杜里希. 世界哲学史. 吕叔君, 译. 济南: 山东画报出版社, 2006: 511.
[3] CHARLES D. Charles Darwin's autobiography. Science, 1958, 127（3302）: 1627-1631.

强的应激会使适应机制失效进而导致机体的功能障碍。

科学家们发现动物能否很好地适应环境，取决于它们能否经受住环境的挑战。这些挑战包括病原体入侵、机体组织损伤、捕食者与同类的攻击、环境中隐藏的危险、社会性竞争等，也就是说，对包括人类在内的动物而言，当个体无法经受环境的挑战导致内在平衡丧失，其适应性就出现了问题，机体的各种需求也更难通过与环境的互动而得到满足。应激是评价动物福祉的一个潜在指标，动物对应激源的不适应性反应通常以异常行为的方式表现出来，诸如啄羽、咬尾巴、咬栅栏、空嚼、过度修饰、异食癖、一成不变的重复运动、自我摧残等。

不给动物造成不必要的疼痛或痛苦，也成为一种新的认识和法律上的要求。除了认识到动物的疼痛或痛苦的问题外，适应性理论也让人们对动物或一个物种的生存有了新的认识。

无论在东方文明还是西方文明中，人类对自身痛苦和动物痛苦的理解历程与对自身幸福和动物福祉的理解历程都总是彼此交织，构成人类探索如何满足需要、达成幸福的必然路径。早在20世纪70年代末，在荷兰举行的一次关于人类福祉问题的专题讨论会上，来自荷兰格罗宁根大学的动物行为学家杰拉德·贝伦兹（Gerard Baerends）就在报告时表示：动物行为学研究可以为人类福祉领域做出贡献，其中一个关键是动机系统，这是动物在应激状况下努力恢复平衡的系统。福祉可以被定义为能恢复这种平衡，反之则不可能做到这一点。这是最早将动物福祉与人类福祉关联起来的分析，只是当时并未引起大家的重视[1]。

2020年，国际疼痛学会还给出了关于疼痛的六点附加说明：（1）疼痛是一种主观体验，同时又不同程度地受到生物学、心理学以及社会环境等多方面因素的影响；（2）疼痛与伤害性感受不同，纯粹生物学意义上的感觉神经元和神经通路的活动并不代表疼痛；（3）人们可以通过生活经验和体验来学习、感知疼痛，并认识疼痛的实际意义；（4）个体对自身疼痛的主诉应该被接受、尊重；（5）疼痛通常是一种适应性和保护性感受，但同时也

---

[1] HAGEN K, VAN DEN BOS R, DE COCK BUNING T. Editorial: concepts of animal welfare. Acta biotheoretica, 2011, 59: 93-103.

可以对身体机能、心理健康和社会功能产生不利影响；（6）语言描述仅仅是表达疼痛的方式之一，语言交流障碍并不代表一个人或动物不存在疼痛感受。

对于人类医生或者兽医来说，越多从病患角度出发去理解疼痛，就越有助于医疗的开展，同理心是关键。对于照顾者也同样如此，有意愿去理解困扰病患的疼痛状态甚至"痛不欲生"的感受，非常重要（见图2-4）。

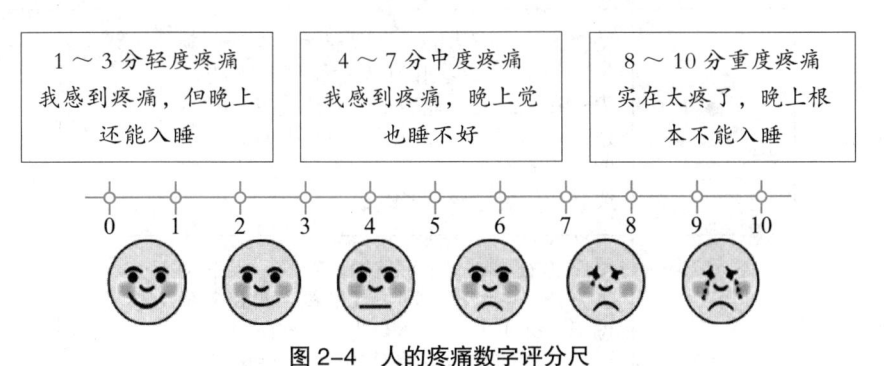

| 1～3分轻度疼痛 我感到疼痛，但晚上还能入睡 | 4～7分中度疼痛 我感到疼痛，晚上觉也睡不好 | 8～10分重度疼痛 实在太疼了，晚上根本不能入睡 |

图 2-4　人的疼痛数字评分尺

资料来源：疼痛评估量表应用的中国专家共识（2020版）.中华疼痛学杂志，2020（3）.

无痛：我感觉良好、不疼，无须镇痛处理。

轻微疼痛：我感觉有一点点疼，但还可以忍受，无须药物镇痛。

轻度疼痛：我感受到明显的疼痛，有点儿受不住了，需要心理安慰和适度镇痛。

中度疼痛：我感觉到很疼，饭也吃不下，晚上觉也睡不好，需要定时使用药物镇痛治疗。

重度疼痛：实在太疼了，动一下都疼，晚上疼得根本不能入睡，需要药物镇痛，必要时采取联合药物镇痛。

剧烈疼痛：疼得不得了，完全不能承受，我必须保持一个姿势来减轻疼痛，需要使用非甾体抗炎药和阿片类镇痛药。

由科罗拉多州立大学兽医中心制定的猫犬急性疼痛分级评估见表2-1、表2-2。

表 2-1　　　　　　　　　猫急性疼痛分级评估

评分	示例	身体和行为对触诊的反应	身体紧张度
无分		动物正在睡觉，不能评估	
0		无人看管时满足并安静；休息时感到舒适；对周围的事物感兴趣、好奇；对伤口、手术部位或其他位置触诊无反应	极低
1		动物主人在家可能会发现猫咪的异常，最早的迹象可能是躲避或者改变常规的行为；在医院时可能表现为舒适或者轻微不适；对周围的事物降低兴趣，但是会望向四周观察发生了什么；对伤口、手术部位或其他位置触诊可能有或者无反应	轻微
2		反应能力下降，寻求独处；安静，眼中失去光芒；蜷缩着、卧着或坐着（四肢全部位于身体下方，肩部弯曲，头部略低于肩部，尾部紧紧围绕身体弯曲），眼睛部分或大部分闭合；毛发杂乱或者蓬松；可能会频繁舔舐疼痛或有刺痛感的部位；食欲下降，对食物不感兴趣；当疼痛部位被触诊或触摸部位靠近疼痛部位时，会有过激反应或尝试逃跑；忍耐限度，只要避免碰到疼痛区域，甚至可以在抚摸时振作起来	轻微或中度 重新评估镇痛方案
3		在无人注意时，不断恸哭、嚎叫或者发出嘶嘶声；可能咬或啃伤口，但是独处时可能不会移动，触诊非疼痛部位时也会嚎叫或嘶嘶叫（可能正在经历触诊疼痛，疼痛发作或者害怕疼痛变得更糟）；对触诊反应过激，为了避免任何接触会固执地躲避、脱身	中度 重新评估镇痛方案
4		俯卧；可能对周围环境无反应或者无知觉，很难从疼痛中转移注意力；接受关注（甚至很凶的猫或野猫也会容忍接触）；对触诊可能无反应；为了避免移动疼痛，可能是僵硬的	中度至重度 重新评估镇痛方案

资料来源：https://www.veterinarypracticenews.com/download-these-pain-scales/.

表 2-2 犬急性疼痛分级评估

评分	示例	身体和行为对触诊的反应	身体紧张度
0		休息时感到舒适；开心舒适；伤口或手术部位无不适；对周围的事物感兴趣、好奇；对伤口、手术部位或其他位置触诊无反应	极低
1		舒适，或者表现有轻微的焦躁；容易被周围环境吸引；对伤口、手术部位或其他位置的触诊反应为四处观看、畏缩、呜咽	轻微
2		休息时感到不适；无人照看时，会呜咽或哭号，可能舔舐或者擦拭伤口或手术部位；双耳耷拉，面部表情焦虑（眉毛拱起，双眼快速移动或眨眼）；在被召唤时不愿意回应；没有与人和周围环境互动的意愿，但是会四处观看周围发生了什么；触诊时畏缩、呜咽叫喊、警戒、挣脱	轻微或中度 重新评估镇痛方案
3		无人照看时会焦躁、哭号、呻吟、啃咬伤口；改变重心来警戒、保护伤口或手术部位（比如：跛行，变换身体姿势）；可能不愿意移动整个或部分身体；触诊时，如果太痛苦而无法移动或对疼痛忍受程度很高，疼痛的症状可能非常微妙（移开视线或者呼吸加快），也可能会非常夸张，比如哭声尖厉、咆哮、啃咬或威胁啃咬，和/或挣脱	中度 重新评估镇痛方案
4		无人照看时，不断地呻吟或尖叫；可能啃咬伤口，不愿意移动；可能对周围事物无反应；无法将注意力从疼痛上转移；无痛的触诊时也会叫喊（也许正在经历触诊疼痛，蜷缩，或者害怕疼痛加剧）；可能对触诊有激烈的反应，可能表现出攻击性	中度至重度 重新评估镇痛方案

资料来源：https://www.veterinarypracticenews.com/download-these-pain-scales/.

案例1：乡愁——虎鲸洛莉塔、熊猫丫丫、男孩奥塔·本加的故事

> 座头鲸和露脊鲸是已知的除了人类之外也会唱歌的哺乳动物。有些鲸鱼的歌声长达30分钟，一群鲸鱼中的所有鲸鱼都唱着完全相同的歌曲。它们一年中只唱6个月，在此期间它们会更换歌曲。当它们第二年再次开始演唱时，它们会以与前一年完全相同的歌曲开始。一些科学家认为，这些歌曲是在讲故事，就像在歌剧表演中一样。你认为它们是在欣赏美丽和音乐，还是其他原因带来了这一独特的行为？

2023年3月30日，美国佛罗里达州的一家水族馆宣布，将把一头关在水族馆长达半个多世纪的虎鲸放归大海。这头虎鲸名为"洛莉塔"（Lolita），1970年在美国华盛顿州西雅图附近海域被捕获，当时只有4岁。2023年，它已是57岁高龄，重达2 200多公斤，生活在水族馆一座长24米、宽11米、深6米的水池中。与此同时，一头被认为是洛莉塔母亲的90多岁虎鲸，仍在大西洋海域自由生活。不少人期盼洛莉塔能够找到自己90多岁的"老母亲"，与亲友重聚在蔚蓝的大海。

虎鲸的寿命可达八九十岁，是一种高度社会化的动物，族群成员之间有声音交流，还展现出其他的复杂社会行为。美国国家海洋和大气管理局2015年把虎鲸列入濒危物种名单。

长期以来，洛莉塔是佛罗里达州迈阿密水族馆的明星动物，2013年一部讲述虎鲸的纪录片播出后，美国民间要求把洛莉塔放归大海的呼声不断高涨。自2016年以来，迈阿密水族馆逐渐减少虎鲸表演类节目。2022年3月，迈阿密水族馆易主后，洛莉塔彻底结束了表演生涯。迈阿密水族馆说，该馆已经与动物保护团体达成协议，将在今后一年半到两年内把这头虎鲸放归太平洋西北部海域。按照设想，洛莉塔将先被飞机运送到一处海洋保护区，训练员和兽医将在此训练它捕食，并帮它锻炼出强健的肌肉，让它能够适应鲸群每天游数十乃至上百公里的节奏。

"它被捕获时只有 4 岁,所以需要学习捕食,"动物保护团体成员雷内尔·莫里斯(René Morris)说,"它知道自己族群的独特声音。它肯定还没忘,但需要时间(重新熟悉这一切)。"整个行动方案耗资不菲,可能需要 2 000 万美元。工作人员会 24 小时监测洛莉塔的状况,确保它能适应新环境。

2023 年 8 月 18 日,在即将结束被圈养 53 年的噩梦时,虎鲸洛莉塔疑似因肾病去世,最终没能等到重回大海与母亲团聚的那一天。动物福利研究所科学家内奥米·罗斯(Naomi Rose)则表示,"她在那个可怕的小水池里度过了漫长的一生,第一次有了(自由的)希望……这是个悲伤的讽刺,人类辜负了她"。

几乎是同一时间,旅居美国的大熊猫丫丫返回中国的旅程成为媒体的热点。早在 2003 年,3 岁的雌性大熊猫丫丫和雄性大熊猫乐乐就离开了中国,被租借到美国孟菲斯动物园,租期为 10 年,到期后再续 10 年。2023 年 2 月 1 日,25 岁的乐乐突然去世,死因确定为心脏病变。2023 年 2 月 18 日,一些发布在社交媒体上的照片显示,丫丫身体消瘦且有大面积的皮肤病,其糟糕的健康状况再次引发关注,并有网友在纽约时代广场发布广告,呼吁帮助丫丫回国。4 月 7 日,丫丫和乐乐的租借合同到期,中方专家赴美为丫丫完成体检,并协助准备运输丫丫回国。4 月 27 日,丫丫顺利返回中国。

当代哲学家玛莎·努斯鲍姆(Martha Nussbaum)有一个著名观点:所有存在者都应该使自身的能力获得最充分的发展。她据此罗列了人和动物共有的十种基本能力:生活(life),身体健康(bodily health),身体完整(bodily integrity),感知、想象力和思考(senses, imagination, thought),情绪(emotions),实践理性(practical rationality),社群联系(affiliation),与其他物种共存(other species),游戏(play),拥有自己的活动领域(control over one's environment)。她进而提出:一种真正的全球正义,不仅要求我们关心少数族裔和亚文化群体获得适宜的生活,也要求我们关心动物的生活,它们与我们的生活密切相关①。

---

① Jan Garrett. Martha Nussbaum on capabilities and human rights. [EB/OL]. (2008-04-29). http://people.wku.edu/jan.garrett/ethics/nussbaum.htm.

一则同样关于乡愁的旧闻不应被遗忘：1904 年，刚果俾格米人 20 岁的男孩奥塔·本加（Ota Benga，见图 2-5）被带往美国参加人种展览，在路易斯安那博览会（Louisiana Purchase Exposition）上，他与一群非洲部落成员被作为人类进化"早期阶段"的例子进行展示①。1906 年，在布朗克斯动物园设立了人类动物园展区，奥塔·本加被安置在猴子馆，与一只训练有素的猩猩 Dohong 一起展出。除了拉弓射箭之外，他还要表演高超的爬树技能，因为身材矮小，本加经常会被要求和红毛猩猩一起表演，甚至与红毛猩猩表演摔跤。

图 2-5　奥塔·本加画像

随着人们对这类人种展览的批判，奥塔·本加被牧师詹姆斯·M. 戈登（James M. Gordon）收留，并被安排接受教育，后来他在一家烟草厂工作。本加很想融入社会，可是他很快就发现自己有多天真。他曾经在一家烟草厂找到了一份工作，但因为身材矮小，皮肤黝黑，又十分擅长爬树，同事们仍旧会嘲笑他是猴子，是原始人，不该在美国出现。日复一日，本加最终还是无法忍受这种非人的待遇，想要辞职离开这个所谓的"自由"国度，回到非洲老家。然而，第一次世界大战爆发，航线关闭，本加回到祖国的梦想破灭了，32 岁的他于 1916 年 3 月 20 日开枪自杀。

---

① Jerry Bergman. Ota Benga: the story of the Pygmy on display in a zoo [EB/OL]. (1997-11-25). https://www.rae.org/essay-links/otabenga/.

案例2：鸡事——结束笼子时代

全球300亿只陆地农场动物中，鸡占了230亿只。且根据英国莱斯特大学教授卡里斯·贝内特（Carys Bennett）的研究，养殖鸡的总数量已经超过地球所有鸟类的总数量。

鸡是聪明的，有不同的个性，会使用超过20种与交配、筑巢、悲伤、满足和食物相关的不同叫声。它们也有时间观念。在一项实验中，蛋鸡被提供三种不同的声音，不同的是，每次它们听到声音15秒后，会得到食物奖励、烦人的水枪喷射，或者什么都没有。实验中，蛋鸡会对每一种声音表现出不同的情绪反应，这表明它们在预测未来的结果。

意大利帕多瓦大学动物心理学家罗萨·卢佳尼（Rosa Rugani）等人2009年在实验中观察刚孵化不久的雏鸡时，有一个惊人的发现，雏鸡表现出了一种动态的计算能力[1]。研究中，当雏鸡被给予两组不同数目的、已经被它们"铭记"过的物体时，它们总是倾向于靠近数目更多的那一组。在另一项实验中，它们在两组物体前面分别放置两块屏幕，然后研究人员在两块屏幕后来回移动物体，让两组物体各自的总数发生变化；也就是说，雏鸡看到了两组物体的初始数目，也看到了来回移动的物体数目，但看不到最终两组物体的总数。雏鸡依旧准确选了数目更多的那一组。

我们人类对数字大小的理解，表现为一条从左到右的直线，大一些的数字总是在小一些的数字的右边。虽然不能草率地说雏鸡也知道这个规律，但研究人员还是猜测：鸡对数字大小的理解可能是天生的，而且这种理解比我们之前认为的可能更深一些[2]。

当鸡感到害怕或痛苦时，它们的心率和体温会上升，它们的身体肌肉可能会僵直，这一状态被称为"紧张性不动"。这些情感对禽类是重

---

[1] RUGANI R, FONTANARI L, SIMONI E, et al. Arithmetic in newborn chicks. Proceedings of the royal society B: biological sciences, 2009, 276（1666）: 2451-2460.
[2] HOWARD S R, GREENTREE J, AVARGUÈS-WEBER A, et al. Numerosity categorization by parity in an insect and simple neural network. Frontiers in ecology and evolution, 2022（10）: 805385.

要的。所以，如果你吃肉，请选择产品上有类似 RSPCA 认证的高福利标记。

英国《经济学人》（*The Economist*）杂志 2019 年 1 月 19 日报道，1990 年以来，经济合作与发展组织成员国的猪肉和牛肉消费量保持不变，鸡肉消费量却增长了 70%。

鸡的生活环境并没有因为鸡肉的需求大增而得到改善，相反，养殖鸡的环境是出了名的糟糕。鸡被养在一格格的铁笼中，连移动空间都没有，为避免鸡之间互啄受伤，会剪鸡嘴、鸡爪（见图 2-6）。肉鸡过于肥胖导致骨骼无法支撑身体而成为跛足，养在鸡笼里的鸡如同僵尸般对外界毫无反应。在荷兰，由于速生鸡（荷兰文为 plofkip，意为爆炸鸡）遭到民众的强烈反对，在 7 年间有超过 30% 的养殖场不再饲养速生鸡，速生鸡所占市场比例也从 2015 年的 60% 暴跌至 2017 年的 5%。

图 2-6　笼中鸡

在英国，放养鸡生产的鸡蛋，销售量也超过传统鸡笼饲养鸡生产的鸡蛋。欧盟于 2012 年全面废止传统的格子笼饲养蛋鸡。2018 年 11 月，美国加州通过公投第 12 号提案，规定所有在加州销售的肉和蛋，其来源皆必须是放牧饲养的动物。

动物保护团体也通过公布恶劣的养鸡环境，来促使消费者和商业选择人道饲养的肉鸡与鸡蛋。美国麦当劳、汉堡王等 200 多家公司都已禁止购买传统格子笼饲养蛋鸡所生产的蛋，也有越来越多的鸡农愿意主动改善饲养环境。但大多数消费者还是愿意购买便宜的鸡肉和鸡蛋，恶劣的饲养环境仍然持续存在。

2021年6月，欧洲议会通过了在2027年前淘汰笼养蛋鸡，全面改为非笼养的决议，逐步淘汰笼养系统。欧盟也以558票同意对37票反对以及85票弃权的结果，通过这项不具有强制力的约定法案。它敦促欧盟委员会修订过时的欧盟养殖动物指令，即98/58/EC号指令，以逐步淘汰笼养系统。这一决议也是对欧洲公民"结束笼子时代"倡议的回应，该倡议在过去一年内得到140万人的联署支持。

中国连锁经营协会于2021年10月13日正式发布团体标准《非笼养鸡蛋生产评价指南》(T/CCFAGS 025-2021)，该标准吸纳了国际非笼养鸡蛋的相关标准内容和指标，既包括动物福利生产方式，更强调食品安全生产的指标，以及生产、包装、运输、存储、销售过程中的一致性、真实性评价标准。

与此同时，禽流感依旧困扰着家禽养殖业。2022年，全球多地发生有记录以来最大规模的高致病性禽流感疫情，扑杀或病死的禽类数以亿计，经济损失惨重[①]。从2017年秋季开始，我国农业部在家禽免疫H5亚型禽流感的基础上，对家禽全面开展H7N9免疫，从而有效控制了疫情。引发2022年大规模禽流感疫情的高致病性H5N1型禽流感病毒有过致死哺乳动物的"案底"，中招的动物包括西班牙的水貂、英国的狐狸和水獭、法国的猫以及美国的灰熊。2023年4月，这种病毒已经使南美太平洋沿岸成为一片凄凉且危险的动物墓地，遍地都是海狮、企鹅、鹈鹕和其他鸟类的尸体。禽流感的急性暴发可能对该地区的海洋物种造成环境灾难。在智利，自2022年12月发现了第一只受感染的野鸟以来，截至2023年3月底，已有1 535头海狮和730只洪堡企鹅死于这种病毒。在秘鲁，至少有5 000头海狮死于病毒感染。一方面，海狮生活在病毒载量相当高的环境中；另一方面，可能是厄尔尼诺现象导致水域变暖，小鱼被迫游向更冷的水域，这导致它们的捕食者海狮不仅因缺乏食物而变得虚弱，还必须去往他处觅食，感染概率因此增加。这是第一次有一种源自欧亚大陆的"高致病性"禽流感病毒进入南美洲。

2023年开始，全球禽流感进入疫苗防控模式，即便如此，从"同一

---

① 新华网. 禽流感全球肆虐，多国推进禽类疫苗接种. (2023-02-18)[2023-06-20]. http：//www.news.cn/world/2023-02/18/c_1211730260.htm.

健康"概念来看,要保障健康的条件,需要各方面同时行动,不仅公共卫生和流行病学要努力,要做很多事情,包括从人口学角度为政治决策提供数据,从经济学角度研究成本低、效益高的卫生资源分配,更需要社会学、人类学、发展科学、文化科学和法学等方面的努力,倡导可持续生活方式、消费方式以及生产方式。

拓展阅读:露丝·哈里森的《动物机器》

英国作家露丝·哈里森(Ruth Harrison)是一位动物福利主义者,生于1920年,逝世于2000年。她是20世纪60年代英国动物福利运动的重要人物之一。

21岁的哈里森成为一名牧场工人,亲眼看到农业生产中对动物的虐待。离开牧场后,她成为一名记者和作家,1964年,将自己的经历写成《动物机器》(*Animal Machines*)一书。这本书是英国历史上最具影响力的动物福利书籍之一,推动了动物福利法规制定的重要进程。

哈里森访问了许多英国的农场和畜牧场,亲眼看到工业化养殖方式造成的动物虐待和残忍行为。她详细记录了不同种类的动物——包括肉鸡、蛋鸡、鸽子、兔子、牛、猪和绵羊等——在工厂化生产环节中的遭遇,其中包括畜栏拥挤不堪让动物无法自由伸展、露天存栏让动物受到自然恶劣气候影响、喂食不足和食物质量差、以药物加速生长导致生病和死亡等对动物福利的种种伤害。

该书中描述了当时还鲜为人知的集约化养殖系统。哈里森在写书时遇到了很多阻力。当时畜牧业是英国主要的农业产业之一,农民和部分消费者坚持认为她所写的是在诋毁农业形象、制造不必要的恐慌,甚至还有人在她家门口闹事。愿意接纳不同声音的出版社决定出版此书,结果引发更大规模的抗议活动。

该书帮助公众了解到工业化养殖对动物造成的伤害,进而促进了公众对食品行业以及政府监管的关注和质疑。随后英国政府任命布兰贝尔（Brambell）教授为政府调查委员会主席，负责对集约式饲养牲畜福利问题进行调查，并发布了《布兰贝尔报告》(Brambell Report)。在报告的建议下，英国于1967年成立农场动物福利咨询委员会（1979年更名为农场动物福利委员会）。该委员会提出动物都会有渴求"转身、弄干身体、起立、躺下和伸展四肢"的自由，1993年正式确立了动物福利"五大自由"[1]。

插画故事

《狩猎地雷的小英雄——马加瓦》

非营利组织阿波波地雷探测技术发展机构（APOPO）于2022年1月12日宣布，扫雷英雄鼠马加瓦（Magawa，见图2-7）离世，享年8岁[2]。

马加瓦是一只非洲巨鼠，因其在柬埔寨探测未引爆地雷的杰出工作，2019年被英国兽医慈善机构人民兽医药房（People's Dispensary for Sick Animals，PDSA）授予金奖，该奖项是表彰杰出动物的勇敢和为平民生活做出杰出奉献的最高荣誉。马加瓦的嗅探工作，使它成为该非营利组织77年历史上第一只获此殊荣的老鼠。

图2-7 扫雷英雄鼠马加瓦

---

[1] 斯伯丁. 动物福利. 崔卫国, 译. 北京：中国政法大学出版社, 2005：10.
[2] BRITO C. Magawa, the "hero rat": who sniffed out dozens of landmines in Cambodia, has died. (2022-01-12)[2023-06-20]. https://www.cbsnews.com/news/magawa-rat-dies-age-8-cambodia/.

阿波波扫雷组织成立于比利时，总部设在坦桑尼亚，训练像马加瓦这样的非洲巨鼠来探测TNT炸药，它们嗅到气味后将地雷的位置指给处理者。马加瓦于2021年6月退休，阿波波为其退休做了准备，一支新的英雄鼠队伍被培训接班。柬埔寨扫雷行动中心（Cambodian Mine Action Center）表示，这20只"英雄鼠"接受了测试，"成绩优异"。一只名叫罗宁（Ronin）的老鼠接替了马加瓦的工作。

在新闻发布会上，阿波波扫雷组织代表对于马加瓦的离世表示遗憾，此前马加瓦的健康状况良好，但在生命的最后几天里，它开始变得迟钝起来，更多地打盹，对食物的兴趣也减少了。"我们对他所做的令人难以置信的工作表示感谢。"马加瓦的非凡工作让柬埔寨社区的人们得以正常生活、工作和娱乐，而不用担心失去生命或肢体。

内乱和战争导致非洲各国，以及泰国、柬埔寨、老挝和越南留下了许多地雷。众所周知，地雷是爆炸装置，被设计成在压力或绊线触发时爆炸。这些设备通常位于地面或地下。在这些国家，这意味着任何时候都可能有人踩到可能致命的武器。柬埔寨有4万多名截肢者，是世界上人均地雷截肢者比例最高的国家。阿波波扫雷组织与这些国家密切合作，借助英雄鼠找到炸弹，挽救了许多生命。

阿波波扫雷组织早在20世纪90年代就开始探索生化传感器排雷，在荷兰政府资助下训练非洲巨型袋鼠（冈比亚有袋鼠）参与扫雷。冈比亚有袋鼠盛产于撒哈拉沙漠以南地区，体形较大，约有0.75米长。这种巨颊囊鼠喜欢在面颊下储存食物，因有寻找储藏食物的习性，所以它们的嗅觉类似于猎犬的嗅觉，非常灵敏。尽管它们在野生环境下性情很野，但驯养后却很温顺，甚至被许多人当作宠物养。

非洲巨型袋鼠比普通的宠物老鼠大，但体重仍然足够轻，它们永远不会像人类排雷者那样容易踩踏而引爆地雷；同时它们很聪明，易于训练。马加瓦从小就接受训练，它被训练成可以忽略周围的废金属，并在检测到地雷的确切位置时向它的人类排雷伙伴发出信号。

在被派遣到柬埔寨之前，马加瓦"以优异的成绩通过了所有测试"，它找到地雷的速度非常快，可以在30分钟内清除一个网球场大小的区域，而人类使用金属探测器清除同样大小的区域可能需要四天的时间。在它五年的职业生涯中，马加瓦发现了100多个地雷和其他爆炸物，这使它成为阿波波扫雷组织迄今为止最成功的英雄。

除了扫雷，英勇鼠还活跃在抗击结核病危机的前线，通过嗅觉帮助检测结核病发病情况。

课堂活动：认知的突破

诺丁斯提醒：毋庸置疑，关于动物、植物和环境的知识要学习。需要注意的是："为什么有那么多人能够准确无误地分辨一个昆虫身体的各个组成部分，却不能理解与体会那些被抛弃、被虐待的猫和狗的孤独和痛苦呢？"诺丁斯问出了一个极其重要的问题，她也给出了答案，那就是要学会关心动物。

孩子们应该了解，人和动物的关系领域有三大主题需要学习：第一，动物行为。我们需要了解各种动物的特征和能力。第二，对每一种动物行为的价值判断。对动物的某些行为我们可能欣赏，对某些行为可能厌恶。第三，我们对动物所负有的义务。这方面的困难最大。但是正确理解并履行义务是问题的关键。它不仅是我们与动物关系的核心，也有助于完善我们对其他人类具有义务的道德认识。①

---

① 诺丁斯. 学会关心：教育的另一种模式. 于天龙，译. 北京：教育科学出版社，2003：161-167.

思考：对于这段话，你有何理解？

_____
_____
_____
_____
_____

带着以上思考，开展以下课堂活动。

步骤1：仔细阅读以下这段话，尝试理解"刻板印象"这个概念。

刻板印象（stereotype），是指人们对某类群体成员所持的概括而固定的观念。人们对于动物的刻板印象与对人的刻板印象相连，形成了很多谚语并扎根于文化系统，产生了持续的影响。人们常常用"倔得像头驴"来贬损驴，其实驴有着强烈的自我保护意识，如果它们感到危险，人们无论采用什么方法都不能改变它们的想法，驴非常聪明，知道什么是它们不能胜任的；人们都知道"老鼠过街，人人喊打"，却并不了解老鼠也可以因为身轻嗅觉灵敏而成为扫雷英雄。[①]

步骤2：举例说说自己在生活中遇到的关于人或者动物的刻板印象，然后进行小组讨论，尝试找出这些刻板印象的产生理由。

步骤3：在鲨鱼、蟑螂、蛇三种动物中选择一种展开小组讨论，并回答以下问题，说出这样回答的理由。

（1）当你听到_____这种动物的名字时，第一时间会想到什么？会有什么感情，是同情、厌恶吗，还是其他什么感情？请说出你的理由。如果并没有什么观点或情绪，为什么？

---

① 张媛媛，马翰林，苏佩芬. 基于心智模式改善的生命关怀教育. 广州：广东人民出版社，2022：41.

主题二　生命的感知 | 105

（2）你认为_____是一种"有用的"动物吗？如果有，请列出：

（3）参考英雄扫雷鼠的故事，关于_____这种动物，人类与之是否存在互惠互利的共存方式？

（4）科学证明_____这种动物是有知觉的动物，该如何对待它们？

如全班分为 6 组，则每种动物各有 2 组讨论，以便于其后的分享。

步骤 4：各小组选派代表分享本组的讨论结果，关注讨论相同动物的不同小组讨论结果的异同之处。

步骤 5：思考从对这个话题的讨论中得到的收获，以及此刻的感受。

步骤 6：列出接下来可能想要采取的行动。

主题三

关怀与尊重

- 什么是关怀与尊重?
- 读一首诗:《步行街》
- 需要和想要:世界上每个人都希望幸福
- 拓展阅读:内尔·诺丁斯的《学会关心:教育的另一种模式》
- 插画故事:《中国现代防疫事业奠基人——伍连德》
- 课堂活动:特定用户设计

关怀意味着以尊重为前提与他者建立连接。

对生命价值的理解和尊重，基于对生命匮乏性需要和成长性需要的了解，以及对不同物种或不同的人的需要及所面临的威胁的了解；学会为自身和他者的发展与繁荣承担责任，好的关怀才能带来共同幸福。

什么是关怀与尊重？*

关于尊重

对生命的思考总能唤起人们心中强烈的情感。太阳的光芒、花朵，美好的生命之源与生命中的困惑、忧虑之重，总是最能吸引我们的注意力。在物质生活高度发达的今天，对生命价值的讨论尤为重要；享乐之后的空虚，纵情之余的烦乱，往往让人感到无奈和感叹；科技发展日新月异，当人工智能越来越深地介入人类生活时，生命的价值和人类的尊严何在，越发成为值得人类深思的问题。

在人类思考的所有事物中，起点是生命的价值。可以说，世界上每一种宗教、每一种哲学、每一种科学、每一种对真善美的追求，都来自对生命价值的思考。

尊重是人们日常用语中常常出现的词语，包含两层意思：一是指平等对待，尊重对方的人格，是对对方人格所持的礼貌态度，比如"相互尊重"；二是指在某个特定的场合，一方向另一方表达敬意，比如"我们尊重邱老先生"。尊重生命也是我们常见的词语。那么，此处的"尊重"二字与日常生活中常用的尊重是否意思相同呢？

生命是集自身固有的内在价值、为他者的价值和为整体的价值于一体的，所以，我们在谈到尊重生命以及尊严时，实际上是在讨论哲学意义层面关于生命价值的"尊重"，而非日常生活中与地位相关的"尊重"。海德格尔和弗洛姆的观点说明，尊重的对象是"生之为生的本体"，是指因为理解、认知到那个对象的内在价值，而生发出对那种内在于生命之中的价值的尊重。也就是说，是尊重那种"他者之为其自身的东西"。区分这个概念对于我们理解尊重并思考如何对待生命很重要，因为，我们如果把这种

---

* 本节主笔人为王汐朋和江洋。

"哲学意义上的尊重"放到日常语境中，就会得出荒诞的论断，比如因为一个歹徒有生命，我尊重生命，所以我也要尊重一个歹徒。这种哲学意义上的尊重，尊重的是那种构成生命的本体，而不是生命本身，更非生命载体。同理，我们说尊重动物，其实尊重的是它自身固有的"它之为它"的生命价值。于是，在与具体的作为生命价值载体的动物互动时，以关怀之心对待便是恰好的选择。只有在尊重生命的价值的基础上，才能有真正意义上的关怀行动。

关于关怀

同样，日常生活中，人们常常使用"关怀"这个词，有时表达一种态度，有时表述某些行动。

关怀态度与现代生命伦理学中的两条道德底线相关：对他人的伤害、痛苦、不幸的敏感性和不忍度；对他人的自主性、尊严和内在价值的认可度。我们以关怀心（compassion）来概括这种态度，这是当你面对他人的痛苦并感到有动力减轻这种痛苦时产生的感觉。关怀心是一种愿意去减轻他人痛苦的意愿，如人们对老弱病残等的扶助，对因天灾人祸惨遭不幸者的帮助，为含冤受屈者鸣不平，等等。这是认识、感情、动机、行动交织在一起的高尚的道德情感。

关怀行动（caring）则是由关怀心开启的行动。人们认识到作为客体的个体在环境中的全部目的应是幸福，即达到一种和谐状态，包括生理的和心理的康乐，在此基础上，意识到在自身能力范围内帮助客体免于不适或支持其满足需要的可能性，以对客体的生命价值的尊重为前提，以行动实现对客体的伦理关怀和义务。

正如海德格尔所指出的，"关怀"是人对其他生命所表现出的同情态度，是良心的根源，是生命最真实的存在[1]。他强调要"真实地看待"或"看待那个真实的人"，这些"真实"都是"他者之为其自身"的独有价值，因为只有在理解他者自身固有的独有价值的基础上，才能切实去发现到底是

---

[1] 海德格尔. 存在与时间. 陈嘉映，王庆节，译. 北京：生活·读书·新知三联书店，1999：34.

什么影响了他者独有价值的存在，关怀行动才有了真实的根基。海德格尔引用了一则关于关怀的古代寓言故事，歌德在《浮士德》的结尾处也使用了它：

> 有一次，"关怀"在过河时看到了一些黏土，于是沉思着拿起一块来塑造它。正当她考虑要塑个什么时，丘比特过来了。"关怀"请他赋予其精神，他欣然应允。但当她想用自己的名字称呼它时，他却不允许她这样做，而是要求给它取自己的名字。当"关怀"与丘比特正为此而争执时，大地出现了，并且想给这个生物取自己的名字，因为她用其身体的一部分滋养了它。他们请农神来做仲裁，而他做出了以下决定，这个决定似乎很公正："因为你，丘比特给了它精神，在它死后精神归你；大地给了它身体，它死后身体归你；但因'关怀'先塑造了这个生物，只要它活着，她就拥有它。因为现在你们是在为它的名字而争执，那它就叫'homo'（人）吧。因为它是由humus（earth，腐殖质，土）做成的。"

尊重和关怀的差异

尊重和关怀是两种存在很大差别的行为或态度。关怀不是来自尊重。关怀是从上到下的（至少在平等的两方之间），而尊重（在致敬的意义上）是从下到上的。没有孩子会说我要关怀父母，没有一个士兵会说我要关怀将军，这听起来很别扭。恰恰相反，父母要关怀孩子，将军要关怀士兵。他们之间的位格高低关系显而易见。在人与动物的关系上亦如此，人关怀动物，是因为人尊重生命而关怀动物，但是很难说人尊重动物本身而关怀动物。"关怀"这个词本身就内涵"高位格的主体性"。在动物伦理学中，只能说人关怀动物，而不能要求动物关怀人。因为，人不能要求人和动物互相作为道德主体（不能是平等的），更不能要求动物是人的道德代理人（动物不具备高位格的道德主体性），只能要求人作为动物的道德代理人。

大多数的普通人更加需要彼此关怀。普通人在一些瞬间可能成为弱者，即便是被我们视为强者的人，也有弱点和需求。关怀在任何意义上都是对弱者的关怀，至少是平等者之间的相互关怀。比如，莫扎特在音乐方面是强者，但他在婚恋中是弱者。我们会为莫扎特的婚恋悲剧而感慨，我们关怀的对象是作为悲剧恋人的莫扎特。所以，我们关怀的是（婚恋）弱者莫扎特，不是作为（音乐）强者的莫扎特。好的关怀包括重视被关怀者的特殊性、以合宜的方式表达关怀以及懂得被关怀者真正的福祉所在，我们需要运用智慧来拨开重重遮蔽，让关怀行动得以发生。

共在共荣：对自然和生命的终极关怀

终极关怀（ultimate concern）最初是宗教哲学中的概念。终极关怀，源于人之存在的有限性，源于人之企盼生命存在的无限性，它是人类超越有限、追求无限以达到永恒的一种精神渴望。对生命本源和死亡价值的探索构成人生的终极性思考。这是万物之灵长——人类——独具的哲学智慧，寻求人类精神生活的最高寄托以化解生存和死亡尖锐对立的紧张状态，这是人类超越生死的价值追求。

面对浩瀚宇宙，人的身体也是一个小宇宙，我们和自然本是一体，我们的生活也和自然息息相关，我们应当关怀自然。自然生态，指事物的天然存在状态，如水、空气、土地、山脉、河流、植物、动物、微生物、地球、宇宙等，既包括生命因素，也包括非生命因素。庄子的"天地与我并生，而万物与我为一"（《庄子·齐物论》），揭示了自然生命的真谛，人与自然和谐相处，进入自然生命的最高境界。苏东坡将这种思想诠释为："江山风月，本无常主，闲者便是主人。"自然是孕育生命的源泉，水和土滋养了世世代代的人类。水是万物之源，土是万物之本，水土资源是人类赖以生存和发展的基础性资源。作为重要的文化符号，土地和水更象征着生命的延续。

习近平在纪念马克思诞辰200周年大会上的讲话中指出："自然是生命之母，人与自然是生命共同体，人类必须敬畏自然、尊重自然、顺应自然、保护自然"[①]。人和自然是生命共同体，是相互影响、相互作用的"亲人"。生命赋予这个世界意义，但生命的存在和维持需要摄入必要的物质能量。在生态系统中，一些生命的生存以另一些生命的消亡为代价。因此，为了维持生态平衡或防止自然灾害，人类应该重新思考对自然的理解和改造，尊重其他生物的生存权。人类需要城乡鸟语花香、平原蓝绿交

---

① 习近平. 在纪念马克思诞辰200周年大会上的讲话. 北京：人民出版社，2018：21.

融、山峦层林尽染，以享受自然之美。2022年教育部第一次将动物救助明确列入中小学服务性劳动范围，迈出了尊重生命教育的重要一步。然而，随意遗弃、投毒、虐待、残杀、滥食动物等行为时有发生，关于尊重生命和关怀生命的社会文化发展以及与此相关的法律法规的发展，还任重道远。

读一首诗：

《步行街》

白 鸦

一只玩具狗挡住去路

两节五号电池，让它不停地走来走去

我绕开它

玩具狗的思想像一块磁铁

抱住我的腿

旁边，两个闷闷不乐的保安

不停地走来走去

相比之下，玩具狗的思想格外醒目

噪音如风

人流庞大而寂静，我朝前走

眼神像个小偷

我认为我走的方向是前方

所有的人朝我迎面走来

记忆中熟悉的人

旧亲戚,分手已久的人

似乎死去的人

尚未出生的人

在某个早晨梳头偶然被我看见的人

夹杂在人群中

我好像看见了三叔,他手里的红纸袋上

印着几个英文字母

阿龙的哥哥死去快十年了

他一闪而过,体格依然很瘦小

仿佛没认出我

一只宠物狗,晃动着肥胖的屁股走过来

在玩具狗面前停下

用鼻子嗅了嗅

玩具狗似乎也用鼻子嗅了嗅它

它们彼此辨认出对方

是一只假狗

需要和想要：世界上每个人都希望幸福

> 我有三个个人理想：一是做好今天的工作，不要为明天操心；二是对待我的同行、对待我的病人时遵循"己所不欲，勿施于人"；三是培养一种泰然自若的态度，使我能够谦卑地接受成功，不骄傲地对待朋友的感情，并在悲伤和悲伤的日子到来时做好准备，以男子汉应有的勇气迎接它。
>
> ——威廉·奥斯勒

幸福通常被划分为四个维度：满足、快乐、投入、意义。具体地说，幸福包括：满足了自身的需要；来自外界对感官的刺激带来的快乐享受；对于事情全身心的投入，进而产生心流，感受到内心的激情；自己做的事情极其有意义，或帮助了人，或实现了目标，或完成了自我超越。

所有的生物都有基本需要（needs），满足需要是有机体活着（新陈代谢）的内在要求，有机体以自身新陈代谢的形式为核心创造了自身的存在活动形式——生成（to be）。基本需要未得到满足就意味着存在状态（being）的受损，意味着要遭受痛苦。"人作为人"的需要，是一种人的"对象性的、现实的、活生生的存在"[1]的需要——这是马克思给出的概念，这意味着：生命的完整性和自我实现作为内在的必然性、作为需要而存在，而贫困是被动的纽带，它使人感觉到自己需要的最大财富是他人。

社会心理学家亚伯拉罕·马斯洛将需要细分为匮乏性需要（生理需要、安全需要）和成长性需要[2]，在不同时刻，这些需要的迫切程度具有相对层次性，或者说具有重要性排序。有机体仅仅受到尚未满足的需要的支配，需要的满足是内在的行为动力。当机体受某种需要支配时，对世界的看法也会改变，行为决策会围绕这种需要的支配而展开；如果这种需要已经满足或部分满足，那它在个人当前动力中的重要性就会降低，其他曾被挤到一边的次重

---

[1] 马克思. 1844年经济学哲学手稿. 北京：人民出版社，2000：87.
[2] 马斯洛. 需要与成长：存在心理学探索. 第3版. 张晓玲，刘勇军，译. 重庆：重庆出版社，2018：47.

要需要就会凸显出来，力陈各自的要求。

> 所有形式的生命都有五种基本生存需要：
> 空气（氧气）；
> 水（干净的水）；
> 食物（足以维护基本体型或体重）；
> 遮蔽物（能遮挡阳光、雨水等的庇护所）；
> 温暖（衣服、阳光）。

匮乏性需要相对来说容易被观察到，而归属与爱、尊重、求知、审美、自我实现和自我超越等成长性需要常被严重低估。在20世纪30年代之前，美国的孤儿院为了避免疾病蔓延，要求护士们不能触碰或拥抱婴儿，婴儿们通过工具被喂食。饮食条件很好，环境也很清洁，但是孩子们却大批死去，2岁婴儿的死亡率从32%飙升到75%。原因就是，这些孩子因为缺乏爱和关怀，没有牢固的情感纽带，以至于失去了继续活着的意志力[1]。

尊重很重要，通常被划分为自尊和他尊。每个人都渴望个人权利和尊严得到尊重，比如拥有自主性以及被赏识，拥有被认可、肯定、重视的名誉和地位。尊重之所以重要，是因为作为社会化的人，一个个体的自我实现总是具有双重的确证感受，一方面是被自身肯定的感受，另一方面是被所在社会关系确证的感受，这是社会化本身的属性。人不仅通过思维，而且以全部感觉在对象世界中肯定自己。被确证或者说被肯定的对象是人的价值，其中最根本的就是对自身固有内在价值的理解，这是真正确立自主性，以及实现尊重需要的关键点。任何现实事物本身，包括每个个人，首先要具有自身的内在价值，然后才可能具有利他的工具性价值以及作为整体的一部分的构成性价值；如果其固有的内在价值被破坏了，为他者的价值与为整体的价值就无从谈起。

归属感不仅指人际交往和社区归属感，还包括自然归属感，这是人本身"为整体的价值"的情感体现。就像《林间最后的小孩——拯救自然缺失症

---

[1] 里夫金. 同理心文明：在危机四伏的世界中建立全球意识. 蒋宗强, 译. 北京：中信出版集团, 2015：47.

儿童》中所说的，现代儿童与大自然完全割裂了，儿童在大自然中度过的时间越来越少，会导致一系列行为和心理上的问题，对此药物治疗于事无补，唯有增加与自然的连接，才能解决由此导致的问题。在云南丽江有一所中国绿发会001号"生态文明幼儿园实验园"——涵滋沽幼儿园，这所幼儿园的课程设计、环境创设和日常活动开展为孩子们复演人类文化创造史、人类文明演进史提供了完美支持，在"美好生活怎么过，自然教育就怎么做"的基本原则指导下，孩子们在丰富的自然生活经验中适应自然，感受大地之美、生命之美，成为具有"美好生活"能力的人[①]。成人也一样，要定期走进大自然，以满足爱和归属的需要。

> 他们在山洞里待着，安全、舒适；在山坡上，躺着、趴着、滚着，看天、看云、看虫、看花；在林间穿梭，忙碌地采集"食物"。在地里种植玉米、萝卜、土豆、生菜、西红柿、小麦、水稻……看种子发芽，果实成熟。一饭一蔬从地里到了碗里，认真地对待着。在沙池和水里感受颗粒感、流动感，挖坑，埋一个宝藏，塑造着各自的大工程……秋千的荡漾，跷跷板的平衡，在草坪和中心花园里奔跑、歌唱、骑行、发现、探索……汇聚一天的快乐。[②]

除了需要，欲求和需求也是两个常常被提及的概念。欲求（wants）指的是想要或向往的东西，也称愿望，例如汽车、名牌服饰等。每个人都会有一些欲求，也很容易误把它们当作需要。需求（demands）指人们想要购买的商品或服务。需求是基于个人偏好和主观想法的。例如，一个人需要食物时，就会根据自己的消费习惯产生不同的食物商品需求。需求是不稳定的，随个人和社会因素而变化，如季节、物价、流行风尚等。需求与购买力相关，通常需要付出一定的代价或成本来满足。很多时候，人们会使用"需要"这两个字来概括以上各种内容，以体现其合理性。

在1900年，美国人平均有72个愿望，其中18个被认为是重要的。到

[①] 何秀英在"过程哲学、人工智能与生态文明"国际研讨会上的主题发言。
[②] 同①．

2000 年，美国人平均有 496 个愿望，其中 96 个被认为是幸福的真正必需品，果真如此吗？

作为消费者，人们的注意力往往会被广告吸引，广告商总是试图让消费者觉得他们"需要"某些商品或服务，而实际上他们只是"想要"它们。通常，通过巧妙的广告，我们认为我们"需要"购买更多我们已经拥有的东西，如一部新款手机、一件最新的服装、一台显示屏更大的电视等。但拥有更多，会让我们更快乐吗？实际上，区分出什么是真正的需要对我们的生活和福祉来说非常重要。一旦生活的重心放在了消费上，人的注意力就会集中在将自身的劳动转化为购买力上，人的工具价值被无限放大，从而淹没在消费循环中，自我实现的创造性不再被视为最大的财富。当自身固有的内在价值的发展和成长不被认可时，人就会感到一种"绝对的贫困"。

价值或者选择原则，是我们判断一个需要比另一个需要更重要的重要尺度。因此，关注需要的满足方式与关注满足本身一样重要。人们不断学习去分辨哪些东西是适当的满足物，哪些不是，在这些满足物中，在什么场景下，哪些是最令人满意的或最值得选择的[①]。对安全、归属、爱、尊重、理解、自主性、求知、审美，以及其他诸如此类的内在需要的满足，往往可能被简单粗暴地转换为生理需要的满足。比如，爱与性不同，爱的需要包括给予爱和接受爱，性则是纯粹的生理需要。

有时候，不舒服的感觉可能是因为没有满足运动需要或缺少与自然的连接而产生的，那么做运动和去田野走走就可以缓解，但人们常常并不理解自己的这些需要，只是觉察到心情不好，就想通过购物或者聚餐等方式来缓解一下。结果可想而知，因缺乏运动或与自然连接少而导致的不适感依旧存在，还可能因为消费主义的行为倾向带来一些其他影响，比如要花更多的时间去工作以赚取足够的钱来消费，因此更加缺乏时间去运动、去亲近自然，从而陷入恶性循环。

爱和尊重的需要不能得到满足，人们通常会用各种方式企求得到补偿，甚至趋向于神经病态。马斯洛在《人性能达到的境界》(*The Farther Reaches*

---

① 马斯洛，等. 人的潜能和价值：人本主义心理学译文集. 林方，主编. 北京：华夏出版社，1987：193.

for Human Nature）中提醒人们要察觉到施虐狂、变态狂、受虐狂所谓为了获得"快乐"的反常行为，这些神经症状的行为背后潜伏着大量的烦恼、痛苦和畏惧[①]，他们选择了一个相对简单的满足方式，却陷入恶性循环。

我们知道，有感知能力的个体会拥有一个神经系统来检测和回应痛苦，大脑某区域会产生变化并做出反应，以示它们正在积极回避痛苦或令人悲伤的情况，并寻求积极的体验。对于人来说，爱、尊重和幸福感是积极体验的核心。爱和尊重是关于良好关系与生命价值的情感体验，幸福则指满足、快乐、有投入感和有意义的生活状态。如果一个（动物）个体是有知觉且能感知疼痛的，那我们应该尽我们所能保护它们，而不是给它们制造痛苦。

积极心理学之父马丁·塞利格曼（Martin Seligman）在他的幸福 2.0 概念中区分了两种类型的幸福，一种叫作"happiness"，另一种叫作"well-being"。他认为，那种强调生活满意度的幸福只能叫作"happiness"，它侧重的是快乐的情绪（positive emotions）；"well-being"描述的则是一种蓬勃发展（flourish）的人生状态，这才是真正的幸福。一个人要想达到蓬勃发展的人生状态，就必须有足够的"PERMA"：积极情绪（pleasure）、投入（engagement）、人际关系（relationships）、意义（meaning）、成就（accomplishment）。这些大多与马斯洛提出的"成长性需要"相对应。

自 20 世纪 70 年代开始，随着动物福利相关科学的不断发展，人类也越来越多地发现，一些动物所具备的特殊能力及行为证明了它们也会因需要得不到满足而痛苦。

水貂（见图 3-1）为食肉目鼬科动物貂属，栖息在近淡水地区，喜夜间活动，偶尔也会在白天出现，食物多样化。水貂是游泳能手，能潜到水深 5～6 米处，由乔治娅·梅森（Georgia Mason）主导的一项研究发现，即便是被困在狭小的笼子里，水貂仍有自己的梦想。在面对

图 3-1　游泳中的水貂

[①] 马斯洛. 人性能达到的境界. 曹晓慧，等译，北京：世界图书出版社，2019：13-14.

外面的巢穴、各种各样的物体、一个升高的平台、一个隧道、一个空笼子、一个游泳池等多个选项时，水貂选择的是一个游泳池。①

"动物福利"概念日渐清晰，得益于许多动物行为学家和心理学家的研究。1926年，伦敦大学动物福利学会（University of London Animal Welfare Society, ULAWS）成立，后于1938年更名为"动物福利大学联合会"（the Universities Federation for Animal Welfare, UFAW），解决了当时动物福利观念与科学发展之间的矛盾。

动物福利的研究是在针对与压力有关的行为和生理的测量下展开的，因此总是遇到社会、经济和政治方面的压力，这也使动物福利的发展逐步走上科学化的道路，因为只有获得科学地位才能推进该领域研究的进一步发展。1986年，剑桥大学生物学家唐纳德·布鲁姆（Donald Broom）从生物科学角度提出，动物福利就是"动物应对其所处环境变化的能力方面的状态"②，个体为适应周围环境所需付出的努力程度越小，该个体之福利状况就越好。这一定义得到了最广泛的应用，具体指标包括：动物为了适应环境所做出的某些行为的次数，以及最后适应的成效与结果。损害动物福利的情况包括：缺乏对生活的期望、生长受阻碍、繁殖受阻碍、身体组织受损伤、生病、免疫能力低下、产生恐惧感、行为异常等。对人类而言，亦是如此。

1993年，英国农场动物福利委员会对"农场动物福利五大自由"做出了重要的回应，这也成为动物福利实践的里程碑：

（1）享受不受饥渴的自由，保证提供动物保持良好健康和精力所需的食物和饮水。

（2）享有生活舒适的自由，提供适当的房舍或栖息场所，让动

---

① MASON G J, COOPER C, CLAREBROUGH C. The welfare of fur-farmed mink. Nature, 2001, 410: 35-36.
② BROOM D M. Bienestar animal: conceptos, métodos de estudio e indicadores. Revista Colombiana de Ciencias Pecuarias, 2011, 24（3）: 306-321.

物能够得到舒适的睡眠和休息。

（3）享有不受痛苦、伤害和疾病的自由，保证动物不受额外的疼痛，预防疾病并为患病动物提供及时的治疗。

（4）享有生活无恐惧和无悲伤的自由，保证避免动物遭受精神痛苦的各种条件和处置。

（5）享有表达天性的自由，被提供足够的空间、适当的设施以及与同类伙伴在一起。

大卫·弗雷泽（David Fraser）[①]认为，随着动物福利学科的发展，三个主要思想逐渐形成：基本健康和功能；动物的情感状态；动物的天性（见图3-2）。确保动物健康、快乐地过着合理的天性生活，是动物福利的核心宗旨。

图 3-2　弗雷泽的动物福利模型

弗雷泽将动物福利科学称为"委托科学"，是科学与伦理双向委托的结果。动物福利科学体系非常庞杂，包含动物行为学、动物生理学、免疫学、遗传学、动物伦理学、动物法律规范、经济学、动物生产学、兽医学和遗传工程等学科。这些学科跨度大，内容差异大，但都围绕着一个中心，即让生产、科研及各个领域的动物都能享受到更加合理的福利，然而想要真正达成共识并非易事。

动物福利科学在经济框架下的发展，实属"观念的冒险"，神经生物学等各类实证学科的加入增强了这门学科的韧性，在政策制定和立法中产生了重要影响。一个例子是荷兰农业部讨论是否要考虑动物的痛苦而禁止使用活鱼饵（live bait）捕鱼，1999年荷兰全国鱼类福利会议上最终通过了政策，

---

① 大卫·弗雷泽是加拿大温哥华不列颠哥伦比亚大学的教授，其主要研究农场动物、宠物和野生动物的行为与福利，同时担任动物福利科学与政策方面的科学顾问，为许多组织包括世界动物卫生组织、联合国粮农组织服务，关于动物福利方面的著作甚多。

这在科学界引起了轰动。同样是荷兰，该国国家渔业合作组织 VisNed 试图抗争欧盟关于使用脉冲拖网①的禁令，2021 年申诉到欧洲法院，最终未获成功。实际上基于脉冲拖网负面影响的多方论证，欧盟早在 1998 年就正式禁止脉冲拖网，这一禁令最终也被纳入欧洲议会和欧盟理事会于 2019 年批准的全面修订渔业技术保护措施②。

用吉尔斯（Geels）社会-技术转型多层视角（multi-level perspective）思路来看相关动物制度的转型，我们可以发现动物福利科学在微观技术利基（technological niches）层面发挥的重要作用，其在经济波动、气候变化、同一健康、城市化等在宏观层面同样产生了重要影响，中观层面原有体制在其中不断冲撞，最终转变为新社会-技术体制（socio-technical regime）。许多国家都有专门的政府拨款用于动物福利问题研究。如今，农民、零售商、动物福利科学家正在探索有机农业和其他"动物友好"畜牧业的选择。动物医学的发展历史也印证了这一事实。

动物医学是医学的一个分支，其主要任务是对非人类动物的疾病、障碍和损伤进行预防、诊断与治疗。动物医学伦理学则是医学伦理学的一个分支，主要帮助兽医做出妥善（合乎伦理）的决策。动物医学伦理指的是评价兽医决策和行动是非对错的标准，这也是兽医的基本价值取向和应尽义务。作为经常与动物打交道的兽医，需要遵守以下伦理：

> 第一条，兽医只负责考虑患者（有病动物）的福利、动物照护人的需要和公众的安全，避免利益冲突；第二条，兽医应该富有同情心，尊重动物的福利和人的健康，在兽医-照护人-患者关系中提供优质的动物医疗卫生服务；第三条，兽医应该坚持专业精神，在所有专业活动中坚持诚信；第四条，兽医应该尊重法律，并有责任设法修改不符合病患最佳利益和公共卫生的法律与条例，应该尊重照护人、同行和其他健康专业人员的权利，应该在法律范围内保护医疗信息；第五条，兽医应该持续学习、应用和推进科学知识，

---

① 脉冲拖网的做法包括发送电信号，将鱼从海底击晕，或使其受到惊吓，然后再将它们捞入网中。
② ECJ confirms electric fishing ban, says science cannot justify all – EURACTIV.com.

参与动物医学教育，并将相关信息传递给照护人、同行和公众，应该有责任参加有助于改善社区和公共卫生的活动等。[①]

但是当动物利益和照护者的利益产生冲突时，兽医又该如何处理？动物医学伦理就是用来帮助兽医做出妥善决策的一门学科。兽医想要回答这样的问题，首先要理解疼痛管理不仅是一项重要的医学专业技能，更关涉医学最核心的本质，人性关怀与精神慰藉是对疾病痛苦的重要回应[②]。

幸福常与苦难、需要、人际关系、关怀行动等联系在一起。

好的关怀绝不仅仅是为被关怀者提供其所需的衣食住行等物质条件，也不是关怀者按照自己的意愿为被关怀者提供所谓好的生活条件，而是关怀者要非常专注地去倾听被关怀者，"一定要被他人的需要所吸引"[③]，要去了解被关怀者在满足不同需要时所面临的挑战，基于对他方需要的理解为其谋求幸福与快乐。

在关怀行动中，关怀者和被关怀者对于需要的认知偏差会导致"关怀"失败，甚至会变成伤害。当然还有更为糟糕的现象是，先对他者造成伤害而后实施某些行动，再将这些行动当作某种关怀。比如，在养老院安全总是排在第一位的，于是有些地方为了避免风险，会把老人当作只需要吃喝拉撒睡的个体来对待，他们被刻意减少活动时间以及探索新知识的机会，更有甚者连老人的尊严也不被重视。

另一个例子是造瘘。2012年，"活熊取胆"引起舆论关注，造瘘技术被用作给熊取胆饱受争议。临床常识是直肠癌造瘘手术后会不同程度地出现消化道反应、吻合口瘘、泌尿系统损伤等并发症，造瘘是因病不得已才选择的治疗方法。术后患者的护理情况在很大程度上决定患者的生命长度，不但要

---

① 邱仁宗出席2019年在北京举办的"行动亚洲与兽医关怀无国界"十周年庆典时的发言。
② 韩启德. 医学的本质是人类对疾病痛苦的回应. 中华医学信息导报，2022-04-24. https://mp.weixin.qq.com/s?__biz=MzAxMjUwMDg0NA==&mid=2650147488&idx=3&sn=057a252ca2c86c60ca74f6b3075a1823&chksm=83b240a3b4c5c9b57d0e16dab680077599025c92d7a9d080812bf82ffb0c539f29b47a7ba205&scene=27.
③ 诺丁斯. 学会关心：教育的另一种模式. 于天龙，译. 北京：教育科学出版社，2003：25.

安抚患者的情绪，还要对患者造瘘口进行悉心的护理，包括更换造瘘袋要防止损伤皮肤。那么，对一头熊而言，什么是真正的关怀呢？答案是：让它生活在它原本的自然栖息地，保护环境，让它自主自在地生活；如果它遇到了问题，请以符合它天性的方式帮助它。

好的关怀不仅存在于人与人之间，还存在于人与动物、植物及整个自然之间，好的关怀意味着了解不同物种或不同人的需要及其面临的威胁，理解并欣赏每一个人、每一个物种对自然、社会的价值和意义。并承担对他人和万物的关怀责任。我们学会基于生命伦理和动物伦理去理解共同幸福，以爱主导生活，共建同一健康。

案例 1：篮球梦想——小吉布森的故事

小吉布森（JP Gibson），2009 年出生，美国职业篮球运动员，犹他爵士队队员。在 NBA 犹他爵士队的相册中，你可以看到这样一位小运动员的资料，他是一名只有一天合约的运动员[①]。

这个故事发生在 2014 年的 NBA 赛季，当时爵士队与金州勇士队进行赛前的加练，而另一边场馆角落里一名年仅 5 岁的男孩——小吉布森正在打着自己的"篮球"，他患有急性淋巴细胞白血病，所以不能像同龄人那样正常地生活和跑动。

爵士队在加练中注意到了小吉布森，并且安排他可以进入球馆观看比赛。小吉布森在看到自己喜欢的乔·约翰逊（Joe Johnson）出场时，情不自禁地大喊"JJ! JJ!"这一幕被摄像机拍摄了下来，并且在播出时对小吉布森进行了介绍。

爵士队球员鲁迪·戈贝尔（Rudy Gobert）看到了小吉布森的热情，走过来跟小吉布森聊天，并且把自己日常穿的鞋子送给了小吉布森。这个场景被球馆里的摄像机捕捉下来，全场球迷也用相机记录了这一幕，这一幕很快便成了球馆里的经典记忆。

---

① Five-year-old JP Gibson plays for Jazz. [2023-07-05]. https://www.nba.com/jazz/gallery/five-year-old-jp-gibson-plays-jazz.

爵士队为了满足这个小男孩的 NBA 梦想，2014 年 10 月 6 日用 1 天的合同签约了这个 5 岁的小男孩，小吉布森穿上了属于自己的球衣，并参加了球队的内部训练赛（见图 3-3）。

图 3-3　小吉布森的合约

小吉布森被邀请成为犹他爵士队客场比赛的荣誉队长，并参加了当天比赛的开球环节。比赛进行到第四节，爵士队领先了夏洛特黄蜂队，主教练奎因·斯奈德（Quin Snyder）决定给小吉布森一个出场机会，当时比赛离结束还剩约 1 分钟。

小吉布森站在场上，接到了队友塞古·敦布亚（Sekou Doumbouya）的传球，然后爵士队球员杰·克劳德（Jae Crowder）抱起小吉布森，并且让他将球扔向篮筐，球以一个美妙的弧线进入篮筐，这个投篮最终得分，完成了小吉布森的梦想，现场响起球迷们热烈的掌声与欢呼声。至此，小吉布森也创造了自己在 NBA 的首次得分，他的投篮成为爵士队这个赛季最美好的时刻之一。

这个故事不仅彰显了职业球员们在竞技场外的人性，也让小吉布森感受到了友爱与支持，使他在面对自己的疾病时能够更加坚强和勇敢。也许是因为有了这样的鼓励，小吉布森感受到了生命的真谛，最终积极配合治疗，病情有所好转。虽然后来他的白血病再次复发，但度过了这次凶险的复发后，小吉布森彻底恢复了健康，终于能和其他男孩一样在阳光下自由地打球了。而这段爵士队球员的经历，是他最终击败病魔的动力。

人（见图 3-4）^①。

图 3-4　里努斯和被救助的红毛猩猩

　　由于达雅克人的生活完全依赖森林，里努斯全家都对森林有着独特的感情。在那场大火中，里努斯的家乡也被烧，但里努斯却在加里曼丹岛的中部忙于工作无法回家。担心家人的他打电话给家里，爷爷却说："你不要回来，好好完成工作。我们家虽然被烧掉了，但只要森林还在，人们就有希望。"但几天之后，一则讯息深深刺痛了里努斯的内心：他的爷爷奋力救火，在大火中去世了。这让里努斯一蹶不振，但或许是爷爷曾说过的话让他最终走了出来。

　　受伤的红毛猩猩不断增加，许多野生动物保护组织已有的救援中心无法容纳更多的红毛猩猩。2017年，里努斯在加里曼丹岛东北部最后的森林地区开始搭建当地的第一个红毛猩猩救援中心。救援中心会治疗受伤的红毛猩猩宝宝，养大后运送它们去一个小岛进行模拟野外生存，之后会将它们放归自然。一穷二白的里努斯带领团队，亲力亲为搭建了这个救援中心。每天，他背着沉重的木材走进森林，搭建房屋。因为长年过度劳动，里努斯病倒了，腰椎出现了严重问题，导致不能行走。

---

① 澎湃新闻. 在印尼雨林的深处，他与红毛猩猩为伴. （2022-05-06）[2023-05-22]. https://m.thepaper.cn/newsdetail_forward_17944746.

刚毕业的大学生里萨（Lisandro）接过了里努斯的接力棒。里萨在大学里主要研究类人猿，并从那时开始关注红毛猩猩。他了解到红毛猩猩的独特性与现状后，便萌生了保护红毛猩猩的想法，而COP正符合他的心意。"为什么野生动物保护组织很少有我们当地人参与？这可是我们印度尼西亚的物种。"里萨还记得当年加入时的情怀。

里萨带领团队顺利完成了救援中心的搭建，并一步步接近里努斯的理想。2017年年底，救援中心预计能够进行历史上第一次救援中心红毛猩猩的放归。

很多像里萨这样的年轻人不断加入COP，使COP成为印度尼西亚成员平均年龄最小的野生动物保护组织之一。COP建立了COP学校，每年选拔、培训野生动物保护青年，带动更多青年参与红毛猩猩保护。许多COP学校的毕业生后来都加入了COP。"我们是印度尼西亚最小的红毛猩猩救援中心，不过没关系，我们的目标不是收容很多红毛猩猩，而是红毛猩猩再也不用来救援中心，"里萨说。

拓展阅读：内尔·诺丁斯的《学会关心：教育的另一种模式》

内尔·诺丁斯博士是美国斯坦福大学荣誉退休教授、美国教育研究协会和约翰·杜威研究协会前任主席。她拥有两所大学的荣誉博士学位，是许多团体的荣誉会员。她的主要著作包括《关心：伦理和道德教育的女性观点》(Caring: A Feminism Approach to Ethica and Moral Eduction)、《女性与恶》(Women and Evil)、《学会关心：教育的另一种模式》(The Challenge to Care in Schools: An Alternatives Approach to Education)、《培养智慧的信仰和反叛》(Educating for Intelligent Belief or Unbelief)、《教育哲学》(Philosophy of Education)、《始于家庭：关怀与社会政策》(Starting at Home: Caring and Social Policy)、《培养道德的人：以关怀伦理替代人格教育》(Educating Moral People: A Caring Alternative to Character

Education）、《幸福与教育》(Happiness and Education)，等等。同时她也是 170 篇文章的作者。这些著作和文章的内容广泛涉及从关怀伦理到数学分析等问题，在学术界受到高度关注，并具有国际影响。

在幸福与苦难、幸福与需要、幸福与道德之关系的阐述中，诺丁斯认为幸福（well-being）来自人类生活的三大领域——私人生活、公共生活和职业生活，人们渴望找回一种积极的生存体验，期待在情感、关系以及共同的生活场景中重建人类共同栖身、寄寓的精神家园。关怀对于维系正义有序的社会具有重要作用，道德生活的基础是关怀[①]。

在《学会关心：教育的另一种模式》一书中，诺丁斯写到：我们的生活质量取决于养育人类和其他生命的自然环境。我们也认识到，对于如何完善整个环境，还有太多的东西要学习。当你声称保护森林的时候，你要考虑很多因素，譬如，砍伐森林以供建筑业之用，稳定林业工人的收入，保护建材业主的利益，防止森林大火和植物过度生长，保护野生动植物资源，采取非常规办法保护濒临灭绝的物种，审视森林娱乐业，等等[②]。

插画故事

《中国现代防疫事业奠基人——伍连德》

伍连德（1879—1960），是中国第一位诺贝尔奖候选人，中国卫生防疫、检疫事业创始人，中国现代医学、微生物学、流行病学、医学教育和医学史等领域的先驱，中华医学会首任会长。

伍连德祖籍广东台山，出生于马来西亚槟城一个极其普通的华人移民家庭。1896 年到剑桥大学伊曼纽尔学院学习医学，又先后到英国利物浦热带医学院、德国哈勒大学卫生学院和法国巴斯德研究所进修。通过

---

① 诺丁斯. 幸福与教育. 龙宝新，译. 北京：教育科学出版社，2009：43-55.
② 诺丁斯. 学会关心：教育的另一种模式. 于天龙，译. 北京：教育科学出版社，2003：173.

剑桥大学医学博士答辩后,他回乡开诊行医,很快就在当地小有名气,走上了人生的第一个巅峰。

1908年,伍连德回到中国,在陆军军医学堂里开始了为国服务的第一个工作——建设中国人自己的现代化医学教育。他引进世界医学的最新成就,同时用中文和英文教学,重视培养学生的实践能力。

1910年,东北地区突然爆发了一种可怕的大规模流行性传染病——鼠疫。在著名外交家施肇基的推荐下,伍连德被委任为瘟疫调查员,被派往哈尔滨迅速了解疫情(见图3-5)。

伍连德在哈尔滨对死亡患者进行了病理解剖,这是中国历史上第一次对人体的解剖。伍连德确定此次瘟疫是一种新鼠疫,和此前席卷欧亚的腺鼠疫不同,根据其通过人呼吸系统传播的特征,伍连德将其命名为"肺鼠疫"。

伍连德根据流行病学思想和科学方法,采用了早期隔离、早期治疗、早期切除病灶等策略,这些方法使病人可以在最短时间内接受到有效的治疗,从而将病死率降到了1/10以下。为了减少感染者的痛苦和恐惧,他使用无菌的医疗工具、注重环境清洁卫生等,旨在减少治疗过程中的疼痛和感染转移。

图3-5 伍连德在抗击鼠疫一线

此外，当时社会上对于鼠疫患者非常不友好，甚至出现了驱逐病人、镇压病人的情况。但是伍连德始终坚持将科学、人性、感染者的尊严作为治疗和预防鼠疫的原则，强调交流与合作，主张保护病人的权利和人权。他在鼠疫疫区向公众普及科学、卫生、医疗等知识，消除了公众对鼠疫的恐慌和误解，促进了社会和谐。

在抗击鼠疫的工作中，医疗人员常常需要接触到患者的呕吐物和呼吸道分泌物等高危物质，却很难找到对应的防护方法。于是，伍连德想到了用纱布制作口罩，可以将鼻子和嘴巴盖住，同时通过一种特殊的连续缝合方法，保证了口罩的过滤作用，从而在防止病毒传播的同时，确保医疗人员的安全。

伍连德制作的口罩不仅灵活、舒适，而且防护效果显著，被当作医用口罩广泛应用于中国卫生事业，由此对世界卫生领域制定规范产生了重要影响。因此，伍连德被誉为中国现代防疫事业的奠基人之一。[①]

课堂活动：特定用户设计

帕特里夏·摩尔（Patricia Moore）是美国一位知名的设计师、通用性设计提出者，曾荣获美国卫生创新国家奖项、美国总统设计奖、IDSA 杰出教育家奖和行业终生成就奖等奖项。

1979 年，居住在纽约市的年轻工业设计师帕特里夏·摩尔对老年人充满热情，她认为只有更深入地了解老年人，并真正体验他们的日常生活，才有可能设计出符合他们需要的产品。她努力寻找如何从他们的角度去理解年长者所面临的挑战，最终决定扮成一位 80 岁的女性。除了化妆和假肢，摩尔还使用了各种服装和道具，使自己化身具有各种社会、经济地位的老年女性，拥有她们的外表和身体方面的限制。以这个身份，她走访了美国和加拿

---

① 伍连德抗疫：第一位华人诺贝尔奖候选人.（2020-03-15）[2023-07-25]（sciencenet.cn）https: //blog.sciencenet.cn/blog-279293-1225192.html.

大的 100 多个城市，体验老年人的生活，感受老年人的感受，正是这项研究成为摩尔职业生涯的重要内容和影响因素。

之后，摩尔围绕着年龄和残疾等主题，开展了大量的研究和设计工作，她秉持"设计不是为了全人类，而是针对人类中不同需求的群体"的信念，始终关注那些在设计中被忽略的人群，如老年人、婴儿、盲人等。她还将心理学与设计理念结合起来，独具匠心地提出了"特定用户设计"（inclusive design）概念，引起了设计行业人士的共鸣，并且常常被运用到各类智能产品和软件开发中。

思考：对于这个故事，你有何理解？

带着以上思考，开展以下课堂活动。

步骤 1：关于产品的分组讨论。每个小组选择一个日常用品，仔细观察并回答以下有关产品的问题，同时做好讨论记录。小组代表发言，向全班汇报反馈意见：

（1）它是如何产生的？谁参与了这一进程？

（2）谁或什么（例如人、动物、环境）在这一过程中受到了伤害？

（3）谁或什么在这一过程中得到了帮助（列出在制作和分发物品过程中可能做出的所有贡献）？

（4）能否以危害较小的方式制作该产品？

（5）你们家里有这种产品吗？你是否有这种产品但并没有使用它？

（6）你有没有买过不用或不穿的东西？

步骤 2：关于产品设计的分组活动。运用"用户画像"的方法做产品设计：

（1）明确目标群体，利用"用户画像"构造一个介于虚拟与真实之间的"用户"。注意，这是一个具体的身份，包括年龄、性别、工作等。

（2）跳出"我"的主观视角，以一个中立客观的视角来看待用户面对的问题，并把对问题的分析记录下来。

（3）把自己代入所讨论的"用户"（客户、消费者）的视角，需要做到设身处地，仿佛"用户附体"，以这个具体的身份面对他所面对的问题，并把体验记录下来。如果条件允许，从装备、装扮，到"人格设定"，都要根据每个人的特点分配角色。这样，大家在角色扮演时就会有互动，会慢慢被带入这个角色。

（4）回顾步骤 1 的内容，尝试列出与产品相关的其他利益相关方（人、动物、环境），代入这个角色，面对他所面对的问题，并把体验记录下来。

（5）尝试再一次回到"用户画像"，完善并提出你的设计思路。

步骤 3：思考从对这个话题的讨论中得到的收获，以及此刻的感受。

步骤 4：列出接下来可能想要采取的行动。

主题四

友善相处

- 什么是友善相处?
- 读一首诗:《散步》
- 社会性情感:当我们相遇时
- 拓展阅读:坦普尔·葛兰汀的《天生不同:走进孤独症的世界》
- 插画故事:《最有影响力的兽医——吉米·哈利》
- 课堂活动:交往中的行为调适

人和大多数动物都具有社会化情感。

以爱和尊重为情感基础的"关系产品"是幸福的重要组成部分，情绪、情感与行为动机紧密相连，建立发展爱和尊重关系所需的理解、技巧、态度是人一生中的重要成长，从小学习友善对待动物及自然，对于发展同理心与关怀能力很重要。

什么是友善相处？*

词源学解释

"友"（𠂇），在甲骨文中属于会意字，像顺着一个方向的两只手，表示以手相助、彼此友好。段玉裁《说文解字》注曰："二又，二人也……亦取二人而如左右手也。""二又相交"，意指两个人像左右手一样相互依赖、相互扶持。"善"，从言，从羊。"言"指讲话，"羊"象征着吉祥。故"善"的本义是吉祥的话语，寓意互相帮助和祝福。从字面上说，"友"和"善"组合在一起象征着朋友之间相互施以援手。友善作为一种重要的道德规范，维系着人类社会的道德秩序。中国传统文化中强调人与人之间的友善，如孔子回答弟子"问仁"，曰"爱人"（《论语·颜渊》），孟子说"君子莫大乎与人为善"（《孟子·公孙丑上》）。一个人友善的动力源自内心的仁爱。西方文化中，友善（友爱）也有其传统。例如，古希腊自然哲学家恩培多克勒（Empedocles）认为，世界万物都是"爱"与"恨"两种力量相互作用的结果，其中"爱"是一种结合的力量[①]。在现代社会，友善意指人们能够以尊重与宽容之心对待自己、他人和自然，关照自己、他人和自然的正当利益。因此，友善需要人们处理好与自己的关系、与他人的关系，以及与自然的关系。通俗地讲，友善要求人们善待自己、善待他人、善待自然。人在以一种友善的态度和情感处理这些关系的同时，也能从这些情感中得到回报。

因为脆弱，我们需要友善

生命是脆弱的。人类的肉体经常暴露于疾病、伤害、残疾、衰老和死亡中，人类在面对这些苦难时非常脆弱。肉体的脆弱性决定了人与人之间是需要相互依赖的。在生命的早期，如果没有爱护我们的长者或其他关爱我们的人的帮助，我们几乎没有生存下来的可能。晚年是生命的最后一个阶段，任何人都将在某个时刻离开这个世界。对于多数人而言，体面而有尊严地走完人生的最后旅程，往往不是单靠自己就能做到的，而是需要他人的扶助。人是脆弱的，所以人总是处于持续的依赖状态。

---

* 本节主笔人为王福玲。
① 宋希仁. 西方伦理学思想史. 长沙：湖南教育出版社，2006：14.

在人类历史上，主流的伦理思想似乎更愿意凸显人的坚强、独立和自主，仿佛这些才能彰显人类的尊严和崇高。人类历史的发展也被描述为一个不断战胜脆弱性的"祛弱"过程。在这种叙事背景下，脆弱性对于生活的意义和价值来说往往被视为消极的，甚至对立的。脆弱性是人类试图摆脱的状态，然而，无论我们如何尝试消除脆弱，无论我们采取何种拒斥脆弱的态度，脆弱性仿佛套在我们身上的一道枷锁，它是永恒的。生活中的灾难、疾病、死亡在不停地提醒我们脆弱性的存在。脆弱性是人类无法逃避的命运，每个人都可能在人生的某个阶段体验到脆弱性带来的无助、恐慌，甚至绝望。在充满风险的人类社会中，友善能够帮助我们应对风险，战胜恐慌。

随着现代化、全球化的步伐加快，疾病可能会越来越多，传播的速度可能会越来越快。在充满风险的社会，我们不知道死亡和明天哪个会先来。人类的脆弱性是永恒的，这种脆弱性呼唤来自他人乃至整个社会的回应。人类生活受脆弱性制约。作为动物性的存在者，在自然面前，我们是脆弱的，需要互相帮助才能减少苦难；作为社会性的存在者，我们在情感和心理上都是脆弱的，容易被忽视、被侮辱、被排斥，会感到悲伤、沮丧，因此需要彼此关怀。每个人都是脆弱的，所以是彼此依赖的。没有谁是自足的，我们需要同舟共济，而这些正是友善的题中应有之义。

作为社会性的存在，我们需要友善

人类生活的一个典型特征就是社会性。每个人从呱呱坠地起就被抛入了错综复杂的关系网中，个人的生存和发展都离不开与他人的协作。从婴儿到成年，我们通过身边的不同关系才认识到"我是谁"，我们在家庭、学校和社会中扮演不同的角色，享有不同的权利，承担不同的义务。在维系和处理这些复杂、多维的关系时，友善不可或缺。儿童的语言能力、生活自理能力是在不断模仿成人的过程中习得的，理性思考和分析的能力则是在不断与他人交往、合作与冲突中逐渐磨炼和发展起来的。

社会性是人类最基本的存在状态，同时也是个体生命和构建人际关系不可缺少的维度。每个人终其一生都在努力追求属于自己的幸福生活，而在与他人相处的过程中是否能够维持友善的关系则是影响幸福的重要因素之一。

我们感到脆弱和无助时，会渴望得到他人的支持和帮助；我们受到质疑和否定时，会渴望找到值得信任的人并且得到其信任。我们处于彼此相互依赖的世界中，为生存于其中的共同体所规定。麦金太尔说，面对那些正在遭受痛苦的人，我们应该设想"我本来也可能是那个人"，而且，这种想法必须转变为一种特定的关照，帮助他人免受伤害、疾病和其他苦难的影响①。在与他人相互接受和给予的关系网中，每个人的命运都交织在一起。我们需要他人的帮助，需要向他人学习。"我们"给予"他们"的关心和帮助也使我们成为潜在的受益者。我们在与他人的交往中不断体会到生命的坚韧和脆弱，在与他人的相处中不断成长，成就他人的同时也完善自身。

作为依赖性的和社会性的存在，人与人之间不可避免地会发生矛盾甚至冲突，友善则是调节人与人之间以及人与自然之间矛盾甚至冲突的润滑剂。在社会生活中，每个人的生存和发展都是以他人的存在为前提的，每个人都需要与他人合作，同时也不可避免地会产生矛盾和冲突。在这种相互合作和斗争中，人既是依赖性的又是脆弱性的。当我们被忽视、被侮辱、被排斥时，我们会感到悲伤、沮丧。这些负面情感若得不到及时回应，就会对个人的身心健康产生严重的影响，最终也不利于社会的和谐发展。一方面，友善能够减少这种伤害，降低伤害的程度；另一方面，当伤害不可避免地发生后，友善的回应能够起到疏解不良情绪、抚慰心灵的效果。友善促使人们在公共生活中寻求相互认同。

另外，友善还意味着通过友善的语言和语气进行沟通。有时候，人际交往中的冲突并不是因为所表达的内容有多大的分歧，而是表达内容的语气和方式导致了不必要的矛盾。通过观察幼儿的成长过程，我们会发现，3岁左右的幼儿在与父母进行沟通时，最在意的不是父母讲话的内容，而是父母的语气和语调。也就是说，幼儿是根据父母的语气和语调来判断交流内容的。当父母给孩子讲道理时，如果通过严厉、训斥的语气来表达，孩子的反应往往是抵抗或者哭闹；相反，如果父母在讲道理时语气温柔，言语间充满了对孩子的爱和呵护，孩子则会全然接受，即便他们可能没有完全理解父母讲的

---

① 麦金太尔. 依赖性的理性动物：人类为什么需要德性. 刘玮, 译. 南京：译林出版社, 2013：106-120.

道理。

友善要求我们善待自然

友善不仅体现在人与人、人与社会之间的相互关系中，也应该体现在人与自然的相互关系中。作为地球的成员，人类的命运和包括动物、植物在内的自然的命运息息相关，是真正的命运共同体。自然是人类社会赖以生存和发展的重要物质基础。人类要想保证自身的持续性发展，必须首先保证自然生态系统的持续性，实现人类社会系统和自然生态系统的协调发展与和谐共处。在这个意义上，善待自然就是善待人类自身。人类只有以爱护之心来对待自身生存和发展的基础——自然，才能够为自身的生存和发展谋求可持续的资源与空间。可以说，人类对自然的友善是建构全社会友善和谐关系的重要物质基础。人类要以友善之心尊重自然、关爱自然，实现人与自然的和谐。中国传统文化中的"天人合一"理念把整个宇宙视为一个有机整体。"道法自然"要求我们善待自然，顺应自然规律，保持与自然的和谐，追求一种人与自然友善相处的图景。儒家思想的集大成者朱熹认为，自然是一个生生不息的有机体，是生命和价值的根源。作为自然的产物，人类应当排除狭隘的私念，把仁爱之心推广到所有存在物上去，才能够实现与天地万物为一体的状态。

人类对待自然的态度体现了人类自身的"德性"。卢梭强调人类应该善待动物，他说："由于它们也赋有感觉，在某些方面也如同我们具有天性一样，它们也将受到自然法的支配，人类也应当对它们尽某些义务。的确，我之所以不应当伤害我的同类，其理由，似乎不在于他是一个有理性的生物，而在于他是一个有感觉的生物；这是动物和人都有的优点，因此，动物有权利要求人类不要无端地虐待它们"①。康德也认为，我们有义务友善地对待动物和自然。他指出，即便对一匹长期效劳的马，我们都应该心存感激，这是人对自己的义务。那些粗暴地、残酷地对待动物的行为，那些故意毁坏自然美的行为，都与人对自己的义务相悖，因为伤害它们将会使我们变得麻木，损害甚至根绝我们的道德情感，而这将不利于我们道德性的完善。友善地对待动物

---

① 卢梭. 论人与人之间不平等的起因和基础. 李平沤，译. 北京：商务印书馆，2007：序言38.

才能真正体现人类的品德，因为人类对待动物的态度反映了人类对待弱者的态度。关怀弱者、帮扶弱者，才是人性尊严的体现，也是衡量人类文明的重要标尺。

马克思认为，人的自由全面发展及其与自然关系的协调是理想的社会发展模式。人类应该像爱护自己一样关爱自然。人类与自然之间是相互依存、和谐共生的关系。自然本来是宽厚仁慈的，它一直以友善的姿态、宽广的胸怀包容着人类。人类从自然中产生，从自然中不断获得延续种群生命的资源。追求人与自然的和谐，以友善之心尊重自然、关爱自然，才能真正实现健康幸福的生活。相反，当人类对自然的破坏超过自然所能承受的极限时，自然将不再以宽广的胸襟为人类服务，自然的报复会使地球不再适合人类生存，人与人、人与社会的和谐也就无从谈起。尊重自然要求我们必须不断反思对待自然的态度，用友善的态度来处理人与自然的关系，自觉维护自然界的生态平衡与和谐，从而实现人与自然的共生共存。

读一首诗：

《散步》

榛莽

饭后散步，脚下有些恍惚

夜色从竹林中升起

那贴着水面飞来的，是野鸭子

断断续续的叫声，不是野鸭子

一想到冬天到了，而我的身边没有下雪

就感觉春天不会来了

> 山中日月长，眉间愁苦短
>
> 这条善忘的山路铺满碎石子
>
> 溪水挂在耳边，反复提醒着什么
>
> 又好像什么也不愿说
>
> 这座小山村什么也不多，什么也不少
>
> 一草一木，秩序井然
>
> 今晚，我走满一千步就转身回去
>
> 把溪水还给深山
>
> 把深山还给时间
>
> 今晚，我们相安无事，互不相欠

社会性情感：当我们相遇时

> 每个人心中都有一团火，路过的人只看到烟。
>
> ——梵高

剑桥大学神经学家基思·肯德里克（Keith Kendrick）发现，羊至少能识别50张不同的"羊面孔"，至少能识别10个人，只需要和羊在一起待两个星期，羊就能记住你两年。羊看人的时候也像人一样，先看轮廓，头发、脸型、耳朵是其注意的重点，然后才看鼻子、眼睛。如果用电脑将两个不同的人像或羊的头像合成一个，在改变原来图像的程度为5%的情况下，羊也能认出来。

羊喜欢人们的笑脸，而不喜欢人们凶神恶煞。态度友好、脾气和善的人容易跟羊亲近。更令人吃惊的是，公羊能识别哪只母羊长得水灵。长相帅气的公羊面孔对母羊也有相同的吸引力。当这样一只公羊或者母羊出现，其他羊的大脑中主管喜悦情绪的部分就开始活跃，并且开始分泌神经兴奋传导素。

研究发现，羊是可以触景生情的，当一只羊感觉到另一只羊就在附近，不论看到这只羊的图片、闻到这只羊的味道，还是听见这只羊的叫声，以往痛苦和愉快的经历就会"涌上羊的心头"。

在自然界中，如果不能准确辨认另一个个体或者无法预测它接下来的行为，就可能后患无穷。通过观察，你可以发现动物相遇时会通过事先约定的规则交换信息，它们的行为有各自固定的模式：北极熊转圈，斑马碰鼻子。这些"礼节"在自然选择的作用下形成和发展，并在动物间世世代代延续下来。每个动物都会和对方分享"它是谁"以及"接下来想要做什么"的意图。信号发出者会表明自己的意图，而信号接收者则因为已经被提前告知意图，所以可以决定如何应对。为了让识别更高效，这些规则信息有时被以机体特征夸大、缩短，或者通过"仪式化"的流程严格地展现出来[1]。

社会性动物除了移动、采食、排泄、整理身体、建造庇护所、睡眠和逃避敌人等基本行为，其他时间都被用在社会行为上，包括探究、打招呼、建立联系、社会玩耍等友好行为，示威、打斗或投降等冲突行为，求偶交配等性行为，以及生产、照顾幼崽、集体照料等育幼行为。情绪信息就包含在以上交往过程中。达尔文在《人和动物的感情表达》中表示：情绪帮助动物适应环境，大多具有目的性，是自然选择的产物，表达情绪和表现动物的身体特点有相同的作用，例如，狗通过叫声（语音语调）、龇牙咧嘴（面部表情）、弓腰哈背（身体姿势），与其他动物（包括人）交换意图[2]。

自身需要及支持他人需要的满足，有赖于人们日常生活中最大的组成部分——社会交往。在构成幸福的六大要素中，除了良好的人均收入和健康的平均寿命外，其他四个要素为社会支持、慷慨、信任和自主性，都属于交往

---

[1] 拜纽什. 动物的秘密语言. 平晓鸽, 译. 长沙：湖南科学技术出版社, 2017：55.
[2] DARWIN C A. The expression of the emotions in man and animals. London：John Murray, 1872.

中以爱和尊重为情感基础的"关系产品"（relational goods）[1]。

> 社会支持：在遇到困难时有人可以依靠。
> 慷慨：为人慷慨且周围人也慷慨大度时，人们会更幸福。
> 信任：腐败和不信任对生活满意度有害。
> 自主性：有充分的自由来做重要的人生决定。[2]

依照交往对象的不同，爱的情感又可被分为亲情、友情和爱情。爱的情感具有依恋和分离的两极特性。亲情和爱情关系中的情感与亲密度要高于友情关系，亲情强调支持和责任，爱情更强调身体接触和性吸引力，友谊注重对彼此的理解和支持，不依赖于太多的时间和空间的交流。

神经生物学家在人类大脑中找到了社会依恋和分离焦虑的相关脑回路以及整个过程涉及的化学物质，并认为从演化角度看，分离焦虑与大脑中三个古老的原始系统有关，分别是痛苦反应、地点依恋和体温调节。地点依恋是指动物对其巢穴、成长地和家的依恋。动物幼崽在被单独留在一个地方时会感到焦虑，但如果被独自留在家里，而不是一个陌生的地方，其焦虑程度就没有那么高。人和动物感到孤独时，常常会希望和人接触，也是源于野外幼儿一般会通过紧靠父母亲的身体来取暖这样的生活经验。和看护者分开对于生存来说是一种威胁，那些能够更好地利用疼痛系统启动社交警报的幼崽方可存活下来[3]。

人和动物是如何觉知自己可能处于威胁或危险中的呢？动物可以依据环境信息的变化来做出判断，包括捕食者的踪迹信号（气味、声响等）和其他个体的报警信号，自然群落里的动物能识别易受相同捕食者影响的不同物种间特有的报警信号。在人际交往过程中，关于威胁或危险的觉知，对善意和恶意的辨识尤为重要，同样依赖于观察环境信息和识别他人的报警信号。

---

[1] 劳赫. 你的幸福曲线：35 岁以后必须了解的三大人生策略. 黄珏苹，译. 杭州：浙江教育出版社，2019：41.
[2] 邱仁宗. 生命伦理学. 北京：中国人民大学出版社，2010：234.
[3] 葛兰汀，约翰逊. 我们为什么不说话：动物的行为、情感、思维与非凡才能. 马百亮，译. 南昌：江西人民出版社，2019：108.

善意（good will）是指以友好、真诚和积极的态度对待他人，关注与尊重他人的需要、利益和情感。在人与人的互动中，善意的人不仅在交往方式上体现出友好的态度，看起来热情、亲切、平等、礼貌，而且在他们的话语和行动中体现出诚信、正直和真实的特征。真诚是一种能切实感受到的东西，不是仅靠言辞就能传递的。善意的人会关注他人的需要、利益和情感，愿意提供必要的支持和帮助，在行为上践行对他人的尊重。

与善意相对，恶意带来的是关系的疏离。威胁、攻击、欺凌和冲突行为会引起明显的负面情感与身体反应，包括害怕、情绪失控、逃避、厌恶、恐慌等。

良好的人际关系意味着拥有一种通过和谐共处的方式来处理情感和关系的能力，简单来说就是情商高，能在家庭、工作等各种生活场景中建立安全、有效、舒缓的关系，能识别他人的感受和立场，并表达自己的感受和观点，经得起谈判，可以保护自己不受任何"坏"表情的影响。任何关系都是纽带，而不是"枷锁"，情商高的人通常都具有较好的同理心和审辨思维能力。

学校生活中的社交网络能对学习成绩产生额外的影响，对于大学生而言，友情可以演变成研究关系，与他人一起学习会对大学生考试成绩产生重大影响[1]。因为信息通过多种渠道完成交换，包括知识类信息，也包括情绪情感类信息，以及价值观类信息，人们通过信息知晓彼此，并形成互动策略，情绪情感类信息对于构建支持等关系起到了重要作用。情绪能帮助我们与其他人交流感情，如婴儿不会说话也能成功交流；情绪也会影响他人对我们的态度，如表达善意。

表情是情绪体验的外部表现模式。表情包括面部表情、身段表情和言语表情。面部表情是指通过眼部肌肉、颜面肌肉和口部肌肉的变化来表现各种情绪状态，比如眼睛不但可以传情，还可以交流思想。面部表情是一种十分重要的非语言交流手段。身段表情是表情的一种，是指个体通过身体动作表

---

[1] STADTFELD C, VÖRÖS A, ELMER T, et al. Integration in emerging social networks explains academic failure and success. Proceedings of the national academy of sciences, 2019, 116（3）: 792-797.

达出的情绪信息,如快乐时手舞足蹈,可以通过手和脚的动作识别情绪。言语表情是指通过言语表达的情绪,言语表情对他人具有很强的感染力,已经升华为人类的艺术表演形式。

人们可以用面部表情与人沟通。当人们感受到他人的忧伤时,自己也会表现出忧伤的样子,这一点曾经被达尔文指出过。这种模仿可能是为了表示同情——我们都体验到了痛苦经历带来的忧伤。

但也有一些职业要求从业人员控制他们的情绪,这些职业包括空中乘务员、医生、法官等。从事这些工作的人要经常与公众接触,必须学会控制负面情绪,即使这些负面情绪是正常、健康的。例如,空中乘务员经常要保持开朗、热情。空中乘务员常使用演员"深度表演"的技巧,在工作时间用礼貌态度替代所有的自然情绪[1]。

大多数情况下,我们从互动中受益,但社交互动出现问题可能会引起情感和心理上的负面反应,可能涉及高度情绪化的场景,也可能涉及更广泛的系统性问题。很多时候,社交互动中之所以产生冲突,可能与对彼此意图的理解和情绪的体会不到位有关。消除误解常常意味着达成双方认可的理解边界。

2014年,英国格拉斯哥大学的蕾切尔·杰克(Rachael Jack)等科学家通过分析脸部控制表情的42块肌肉,将"喜、怒、哀、惧"锁定为人类的四种基本情绪[2]:

喜悦:盼望的目的达到后,继之而来的紧张解除时的情绪体验。

愤怒:愿望不能达到或事与愿违,一再受到妨碍时的情绪体验。

哀伤:与失去所热爱的事物或所盼望的东西有关的情绪体验。

恐惧:由缺乏处理或摆脱可怕的情景或事物的能力而引起的情

---

[1] HOCHSCHILD A R. The managed heart: commercialization of human feeling. Berkeley: University of California Press, 2003.
[2] 基本情绪属于有机体预制的先天情绪模式,即我们在感知到外界或躯体内部某个刺激的特定特征时,就会产生某些先天性预组织的情绪反应。

绪体验。

恐惧是一种自然的情绪，也是一种生存机制。当感知到威胁时，身体会以特定的方式做出反应，包括胸痛、发冷、口干、恶心、心跳加快、呼吸急促、出汗、颤抖、胃不舒服等。除此之外，还可能经历不知所措、心烦意乱、感觉失控或即将死亡的心理症状，使我们非常警觉。恐惧的能力是正常大脑功能的一部分，缺乏恐惧可能是严重脑损伤的征兆。

在感觉生命受到威胁时，恐惧会触发"战斗－逃跑－僵住"（fight-flight-freeze）的行为反应模式[1]，这是动物（包括人类）的自然反应。当危险出现时，我们一旦判断这个危险是自己有能力解决的，就会进入战斗模式。在很短的时间内，交感神经系统就会释放出各种激素，尤其是肾上腺素，为即将到来的战斗做好生理准备，以赢得战斗。相反，如果判断自己无法战胜眼前的危险，那么就切入逃跑反应。例如，遇到天敌，动物迅速逃跑；遇到海浪来袭，人们拼命奔向岸边。这种反应会瞬间燃烧身体中全部的储备能量来提高逃跑速度。当判断出自己百分之百不赢又跑不掉时，身体就会立刻像木头一样僵住，避免打斗或者直接屈服。实际上，这种装死般的僵住与勇敢战斗或全力逃跑一样有用，因为这可能会成功地分散捕食者的注意力，赢得一个新的反击或逃跑机会。因为对于那些只习惯于吃新鲜食物的捕食者来说，这会让它们失去胃口。负鼠会蜷缩身体装死且装得极像，以至于捕食者对它们一顿撕咬和暴打也不会有任何反应。最会装死的动物要数非洲树蛇，它们的眼睛会充满血液，同时嘴角瘫痪并流出红色的口水[2]。

除了疼痛引起的恐惧，负面联想、过去的经历和文化规范，能使我们学会害怕某些人、地方或情况。例如，每次靠近水体时，近乎溺水的事件都可能引起恐惧。有时恐惧也可能源于想象中的危险，越害怕，事情就会越可怕。想象的威胁会导致瘫痪。害怕未来可能发生或可能不会发生的所有坏事会让你忧心忡忡，但很少采取行动。你陷入惊吓状态，不知所措。

恐惧也可能是某些心理疾病的症状之一，包括恐慌症（panic disorder）、社交焦虑症（social anxiety disorder）、恐惧症（phobias）和创伤后应激障碍

---

[1] 这个概念最初由美国心理学家沃尔特·坎农（Walter Cannon）提出。
[2] 拜纽什. 动物的秘密语言. 平晓鸽，译. 长沙：湖南科学技术出版社，2017：50.

投诉鲍比家的动物受到了不好的对待。警察到鲍比家调查后，发现鲍比的爸爸不仅虐待猫，还虐待鲍比和他的妈妈。

鲍比和警察谈到了自己的第一只猫，它叫"烟雾"，自己和"烟雾"关系很好。每次鲍比受到父亲的打骂和虐待后，这只猫就会跑来安慰他。后来鲍比的爸爸生气时，就将猫朝墙上摔打，并且用枪威胁鲍比的妈妈，因为她想要帮助这只受虐待的猫。两天后，这只猫就死了，鲍比的父亲又带回来两只猫，但是鲍比说他不会去爱这些猫，他说："只要我喜欢什么，我爸爸就会去伤害它。"

在人类福利状况不佳的地方，通常动物福利状况也欠佳。因此，动物经常充当人类健康和福利的指标，这可以从虐待动物和家庭暴力之间的联系中看出。对动物的虐待通常不是孤立事件，而是经常与其他形式的暴力一起发生，以展示对其他人的控制行为，比如抢劫、袭击、强奸、放火、谋杀[①]。12%～80%的受虐妇女报告说，施虐者威胁要伤害或实际伤害或杀死家庭宠物，由于害怕宠物受到伤害，她们在暴力事件发生后无法离开家去寻求安全，或因为担心家庭宠物的安全而在离家后又返回[②]。

能理解他人的感受和能体验他人的感受是不同的能力，欺凌者不一定无法理解他人的感受，但通常不会体验他人的感受[③]，比如鲍比的爸爸和蒂姆。

想要探索解决这些问题的方法，提升对善意和恶意的辨识能力很重要，"物格、知至、意诚、心正"是重要的认知整合路径。对于儿童来说，从小被教导与动物友善相处，将有助于培育他们的情感同理心和认知同理心，从而使其拥有建立良好关系的能力。

---

① GULLONE E, ROBERTSON N. The relationship between bullying and animal abuse behaviors in adolescents: the importance of witnessing animal abuse. Journal of applied developmental psychology, 2008, 29（5）: 371-379.
② JOHNSON S A. Animal cruelty, pet abuse & violence: the missed dangerous connection. Forensic research & criminology international journal, 2018, 6（6）: 403-415.
③ LOVETT B J, SHEFFIELD R A. Affective empathy deficits in aggressive children and adolescents: a critical review. Clinical psychology review, 2007, 27（1）: 1-13.

案例1：友谊——一种独特的医学治疗力量

威廉·奥斯勒被誉为"现代医学之父"，是约翰·霍普金斯医院的"四大"医生创始人之一，更被牛津大学聘为钦定讲座教授，他的著作《医学原理与实践》出版于1892年，是被沿用至今的经典教材。在奥斯勒的人生信条中，"幸福最重要的东西是友谊"，他认为真正的友谊不是建立在物质利益或社会地位之上的，而是基于相互理解、支持和信任的情感纽带。奥斯勒将友谊视为医学治疗的一个重要方面，强调了医学和人文关怀的结合，对后世医生产生了深远的影响。

奥斯勒在麦吉尔大学获得医学博士学位后赴欧洲游历学习，他努力克服自己少言寡语的个性，对待朋友一视同仁，结交了很多有识之士。奥斯勒得到了约翰·伯登·桑德森（John Burdon Sanderson）教授的指导，桑德森是英国实验生理学、病理学发展初期的顶尖人物，人脉很广。奥斯勒在一篇游记里这样写道："不想怠慢我的至亲，我决定给他们带来一个特别的下午。他们说新的黑猩猩和人极度相似，让许多人改变立场，相信达尔文的理论"[1]。这是因为他在皇家学会社交晚会上见到了查尔斯·达尔文。

1884年，25岁的奥斯勒回到麦吉尔大学，成为医学院最年轻的讲师，直至教务主任。奥斯勒很在乎年轻的学生，会关心他们的家庭、工作、共同好友和其他共同话题。有一名学生曾以为，奥斯勒和他成为朋友是给了他特殊优待，后来却发现班上几乎所有人都能感受到在奥斯勒眼里自己是特殊的。"奥斯勒能够与学生建立起亲密的师生关系，这是我所知的其他任何人都望尘莫及的，"他回忆道，"有一次奥斯勒和我握手，我立刻感觉到自己遇见了一位终身好友。"

应蒙特利尔兽医学院校长邓肯·麦凯克伦的请求，奥斯勒接受了兽医学院的学生来麦吉尔大学学习医学概论，还接受了蒙特利尔兽医学院的教授职位。在那里，他既是生理学教授、生理病理学教授，也是寄生

---

[1] Michael Bliss. 医学人生：医学人文之父威廉·奥斯勒. 郎景和，译. 北京：科学普及出版社，2023：71-88.

虫学讲师。他对比较解剖学和病理学的浓厚兴趣最初就来自这些兽医学院学生的寄生虫作业。

奥斯勒在宾夕法尼亚大学医学院担任临床医学系主任期间，不但是受欢迎的医学教授，还发展了医疗咨询业务，结交了包括沃尔特·惠特曼（Walt Whitman）在内的许多好朋友，并加入了几个费城当地的医学协会，扮演"医学政治家"的角色，讨论和解决专业问题，如医学院的标准。

在约翰·霍普金斯大学，奥斯勒是美国第一个现代医学培训计划的主要设计师。在这个计划中，三年级医学专业学生开始在门诊工作，四年级学生在负责每个部门日常业务的初级和高级住院医师的监督下，轮流在医院病房工作两个月。这种密集的"床边教学"确保了应届医学毕业生对各种病例有几年的实践，并且精通当前的医疗实践，包括临床实验室工作。

奥斯勒将这样的床边教学课程称为"细致观察力培养"课程。每次门诊教学，奥斯勒都带着这些初出茅庐的学生，像福尔摩斯探案一样，整个问诊过程充满了各种悬念和悬念解开后的惊喜。通过这样的医学检测和诊断练习，学生逐渐了解了如何进行检测报告的解读、如何进行诊断、如何开展病例讨论。在普林斯顿大学，这一彪炳史册的临床见习制度被正式建立起来，这是当时医学教育领域的一次革命，更被认为是现代医学教育的开篇（见图 4-1）。

图 4-1　奥斯勒在普林斯顿大学期间开展床边教学

奥斯勒在病房的教学巡视也被视为传奇。奥斯勒衣着得体整洁，为人诚恳不苛刻，举止友好，总会给诊所和病房营造友好、愉快的氛围，每个人都认为他拥有一种魔力，用一个微笑、一句俏皮话，或者按摩一下脚趾，就能让患者立马放松下来。实习生们甚至为此写诗记录：

伙计们，请快点吧。

奥斯勒的巡回演出开始！

早餐要简单快速！

请跟上大统领的步伐，

带上纸和笔，

不要漏掉每一个音符，

跟随着奥斯勒，

一起来巡查。

幽默风趣、和蔼可亲的奥斯勒总能给学生们一个喘息的机会，让知识还不够扎实的学生感到轻松自在，维护他们的尊严，同时又能适时地敲打一下优秀学子，不断刺激他们下决心超越自己。奥斯勒还是第一位招待学生就餐的普林斯顿大学医学院教授。在普林斯顿大学期间，每周六晚上，奥斯勒就会在自己家里招待医务人员，其中还有2名学生，他们一起吃饭、聊天和讨论医术，奥斯勒则会介绍自己收藏的图书，谈论一些医学史上的伟人。学生们刚开始还对老师充满敬畏之情，后来逐步与恩师建立起了深情厚谊，奥斯勒也成为学生心目中最想成为的那个"理想中的人"。

奥斯勒到牛津大学不久，一位叫梅布尔·菲茨杰拉德（Mabel FitzGerald）的女学生就找奥斯勒帮忙，她希望到约翰·拉德克利夫医院进行实验工作。菲茨杰拉德实际上应该是牛津大学医学院的第一位女研究生，然而，1896年的牛津大学并不接纳女生，菲茨杰拉德即便在考试中得了最高分，还是无法获得学籍。她只能选择以非正式方式加入生理学课程研究，成为约翰·斯科特·霍尔丹（John Scott Haldane）的实验室技术员，参与人体肺部的二氧化碳张力测量，还与霍尔丹共同发表了一篇论文《人体的正常肺泡碳酸压力》("The Normal Alveolar Carbonic Acid Pressure in Man")。奥斯勒答应了菲茨杰拉德的请求,还和她成为朋友,并帮助菲茨杰拉德获得了1907年的洛克菲勒旅行奖学金。1911年,菲茨杰拉德再次回到牛津大学,并成为霍尔丹生理学实验室科研探险队唯一的女队员,前往美国科罗拉多州派克峰(Pikes Peak)研究低气压对呼吸的影响,通过研究最终发现呼吸的关键是氧气与血红蛋白的结合。基于菲茨杰拉德在科罗拉多州的开创性工作,她在1913年成为美国生理学会的第二位女性会员。1972年,牛津大学在菲茨杰拉德100岁高龄时授予她硕士研究生学位,以追加表彰这位女性医学先驱。虽然迟了很多年,但这也是对奥斯勒博士鼓励女性参与科学医学研究的一份回应[1]。

在普林斯顿大学,奥斯勒还收获了与哈维·库欣(Harvey Cushing)的深厚友谊。库欣是美国第一位专门从事神经外科学的外科医师、神经生理学家。年轻的库欣来到普林斯顿大学,工作初期曾因为与同事关系不和而想要离职,在奥斯勒的极力挽留下留了下来。奥斯勒强调需要受过神经疾病解剖学、生理学、临床和外科方面专门培训的医生,显然库欣就是奥斯勒所欣赏的。奥斯勒这样形容库欣:"美国外科手术的大门正是因为库欣的努力才得以打开,库欣在其中着实扮演了举足轻重的角色,无人能及。"后来库欣成为奥斯勒的邻居。在给父亲的信中,库欣这样写道:"在巴尔的摩,我天天和这些人做邻居,生活真是有滋有味。"在奥斯勒去往牛津大学后,两人依旧保持联系,从双方的私人信件和日记中可以看出他们对彼此的关心与支持。第一次世界大战中,奥斯勒的儿子里维尔(Revere)腹部受了致命伤,手术时,库欣就在里维尔身边,监测他的脉搏,直到他去世。库欣给了里维尔平静死亡的礼物,这也是身为医生的奥斯勒一生秉持的观点。两人除了对阅读和收集稀有书籍的共同热情之外,他们的个人、职业和家庭生活也联系在一起[2]。库欣晚年还为奥斯勒写了一本传记《威廉·奥斯勒爵士的一生》(Sir William Osler),这本书获得了1926年的普利策奖。

---

[1] https://www.dpag.ox.ac.uk/women-in-physiology-anatomy-genetics/mabel-fitzgerald.
[2] DA MOTA GOMES M. William Osler and Harvey Williams Cushing: friendship around neurosurgery. Annals of Indian academy of neurology, 2019, 22(4): 384.

这些故事展示了奥斯勒与其他医生、知名人士之间的深厚友谊和互助精神，也反映了他在工作和生活中秉持的人文主义价值观。奥斯勒对待病人也是如此。

奥斯勒曾在一次演讲中表示："人们在痛苦时是孤独的，如果没有朋友，到了夜间，钟响之声就会加剧这种孤独和信仰的痛苦。"为了缓解这种感知痛苦，他提出了两个建议：首先，医学界应该更加关注患者的痛苦和苦难，并使其感到被理解和安慰，从而缓解他们的痛苦；其次，患者自己应该学会"避免心灵痛苦的艺术"，即通过积极的思想、宗教信仰、音乐、文学等来减轻心理的痛苦，从而缓解身体的痛苦[1]。

奥斯勒的高临床标准、友善态度、对历史和文化的广泛兴趣等，使他在一生中收获了很多友谊。他也指出，在这个过程中，医生必须保持一种平衡和自律，避免陷入同情疲劳或情感波动的状态。"对于很多性格阴郁沉闷的人来说，在一天的考验和磨难中很难保持良好的精神状态，但在面对患者时拉长着脸是不可原谅的大错。"奥斯勒总是给人一种和善的感觉。

当一回威廉·奥斯勒爵士的患者，就像是体验一次绝世神医的妙手仁心。他不太关心外界的氛围如何，因为他总能营造自己的氛围。他走进充满不和谐氛围的病房时，眼里看到的只有患者和患者的最大需求，此时病房气氛顿时变得和谐融洽、充满活力，每个人都受到感染。没有迂回婉转，没有虚与委蛇。面对患者时，威廉爵士会设身处地为患者着想，虽只有片刻，你却说不出明显的开始与结束，甚是神奇。[2]

"比起疾病的特殊性，我更关心个体患者。让自己站在他的位置上，亲切的话语，愉快的问候，同情的眼神——这些病人都能理解，"奥斯勒强调，"治疗的第一步是了解病人，没有这个基础，再好的技术也没有什

---

[1] OSLER W. Aequanimitas. Philadelphia, PA: P. Blakiston's Son & Co, 1932.
[2] Michael Bliss. 医学人生：医学人文之父威廉·奥斯勒. 郎景和，译. 北京：科学普及出版社，2023：292-293.

么用处。"在他看来，友谊是一种充满温暖和安全感的关系，可以给我们提供无私的爱和支持，让我们感到有人在身边支持和关注我们。在面对疾病时，这种情感支持可以帮助我们更好地面对挑战。友谊更可以带来积极的影响，如减轻身体和心理上的压力、缓解抑郁情绪等。来自朋友和家人的支持能够在很大程度上减轻患者的痛苦。在患者面对健康问题时，朋友帮助他们抓住治疗机会，例如友人可以暗示患者注意身体健康，直面疾病和恶劣情况。

在繁忙的日程中，身处疲倦、缺乏热情、愤世嫉俗以及个人成就感和满足感下降的时代，对于所有人来说，都是一个很大的挑战。实际上，面对繁重的医疗和教学工作，奥斯勒通过高度关注当前的任务来管理自己的日程，同时在与患者的互动中培养谦逊和善良。奥斯勒之所以可以意识到这些，源于他为自己开出的正念处方[1]，处方中包括以下内容：

过好当下："做好今天的工作，不要为明天操心。"

运用幽默："没有自负，充满感情，笑声是生活的音乐。"

拥有友谊："它能够帮我们找到人生中最重要、最美好的东西：爱、自由、尊重、知识和真理。"

床边阅读："对于疲惫的心灵来说，没有什么比读一个好故事、好剧本或一篇好文章更能使人放松了。它之于心灵，犹如海风和乡村阳光之于身体——一种景色的变换、一种精神的恢复和一种慰藉。"

保持书写："表达勇气和快乐，不仅能帮你度过人生的艰难时刻，在你悲伤的时候安慰你，而且能使你给软弱的人带来安慰和帮助。"

每天承认自己的局限性："在自己的心里放一面镜子，你越仔细地审视自己的弱点，你对你的同胞就越温柔。"

---

[1] KOPEL J J. Sir William Osler: a forerunner of mindfulness in medical practice. Taylor & Francis, 2019, 32（3）: 456-458.

学会默默地接受小的烦恼:"多干点儿苦差事,沉默寡言也是天赋,这样你周围的人就不会为你抱怨的灰尘和烟灰所扰。"

拥有理想:"努力,努力,忠于某些理想——仅此一点就值得奋斗。"

2021年,奥斯勒麦戈文中心的负责人、牛津大学格林坦普顿学院荣誉教授特伦斯·瑞安(Terence Ryan)在青少年心理健康与福祉保护国际研讨会开幕致辞中表示,无论是100多年前的威廉·奥斯勒爵士,还是现在的牛津大学实验心理学系,都非常重视把友谊作为一种治疗方法。友谊可以帮人们增强免疫力,控制炎症,人们拥有并学会分享自己的空间、玩具、宠物、风景、精神和信仰等是有益的。精神健康下滑是一个全球性问题,人们比以往任何时候都更需要友谊,特别是年轻人。疫情下的生活方式正在导致友谊的丧失,使人们体会到的孤独感更强烈,这对健康是不利的。改善人类与自然的关系,与动物、植物以及大自然的互动能给沮丧的人带来欢乐,增进健康福祉和幸福[1]。

实际上,动物也同样需要友谊。生活在沙漠里的安哥拉长颈鹿,特别是雌性长颈鹿,会有1/3至1/2的时间和自己的雌性朋友待在一起。所有的家畜都需要友谊,它就像食物和水一样,是家畜最基本的需求。一匹马如果在成长过程中没有与同伴共同游戏过,会经常表现出不合适的社交行为和反社会行为,成年后也无法被马群完全接纳[2]。

案例2:豹猫———个城市邻里生物多样性保护案例

生物多样性丧失是一个全球性问题,世界各地都需要加强对湿地、林地和草地等的保护,增强自然本身的修复功能,因地制宜地采取一些措施,去应对垃圾污染、环境破坏等问题,做好生态修复。这种基于自

---

[1] 张媛媛. 青少年心理健康与福祉保护研讨会. 马洪智库大视野,2022(1):55-57.
[2] 葛兰汀,约翰逊. 我们为什么不说话:动物的行为、情感、思维与非凡才能. 马百亮,译. 南昌:江西人民出版社,2018:107,125-126.

然的解决方案（Nature-based Solutions，NbS）对于减缓生物多样性丧失的状况十分重要。

当前人口不断增加、城市化进程持续推进的现实情况正挑战着地球的供给极限。在这样的情况下，更广泛地开展生物多样性保护实践就具有极端重要的意义。

然而，对于绝大多数动物来说，城市不是一个理想的生存环境，人类长期活动会导致土壤和水质发生变化，同时城市的环境比较单一化，景观林树种单一，缺乏食源性的乡土树种，森林郁闭度改变，水热分布不均匀，不利于林下草本的生长，区域物种多样性也因此受到影响。由于人类对土地的利用，河岸通常被改造得陡直从而缺乏河滩，甚至还会用水泥封死石头间隙。尽管这样一来河岸可被用来泄洪，但却失去了为动物提供巢穴、为水栖生物提供食物来源的自然河岸生态功能。

生活在城市，还意味着面临各种各样的危险因素，城市绿地被道路、住宅割裂成一片一片的。公路以及隔离网，对于动物来说，都意味着生境的破碎化。一个地方的食物不够吃，就得越过马路去别的地方觅食——这大大增加了城市动物被路杀的风险。比如，城市生境与野外生境的食物来源时空分布不同，城市绿化带有可能会被清理得很干净，动物反而找不到食物，垃圾场可能会成为它们主要的食物来源地。此外，园林管理过度喷药、修剪杂草、清理腐殖土层，都会对昆虫生态产生影响。为了灭鼠投放的毒饵，对老鼠的杀灭效果不尽如人意，却可能危害到以老鼠为食物的黄鼠狼、刺猬以及猛禽。

基于城市整体进行生物多样性规划，是非常重要的。深圳基于"自然公园－城市公园－社区公园"三级公园体系，建成1 000多个公园。深圳湾畔的华侨城国家湿地公园是面积最小的"袖珍"国家湿地公园。它的前身是20世纪90年代深圳湾填海造陆后留下的一片滩涂。2007年，华侨城集团受深圳市政府委托接管这片湿地后，开启了历时5年的综合治理。

华侨城湿地改造不仅保留了原海岸线上的哨所岗亭，还保留了原始海岸线的原貌及原生红树林群落，以"还自然一个自然的状态"的理念创新管理，践行尊重地球上的每一个生灵生命，以不消杀、不做景观园林式修剪、夜晚不开灯等措施来维护生境，保护和管理湿地，践行"零废弃"和"无痕湿地"，取消园道垃圾桶，绿化垃圾不外运并充分再利用，同时营造自然堆肥、手作步道、生态浮岛等微生境，通过营造不同的区域生境，丰富生境类型，优化栖息地。

在超强台风"山竹"过境后，园区内大量树木折断、倒塌后并没有被作为废弃物清理掉，而是被留在原地处理并加以利用，转废为材。园区的步道就是用枯木加工而成的木板铺就的。枯木还被搭建成昆虫微栖息地，枯叶用来堆肥，生生不息。为尽量减少人对环境的影响，园区实行半保护区的管理，通过网上预约的方式，严格按照生态承载量，控制入园人数，保证了生态品质和体验感受。此外，园区还留了约一半以上面积的区域，作为恢复重建区，为生物留白，不对外开放。

2018年，西子江生态保育中心监测发现，在华侨城湿地内生存着一个稳定的豹猫小种群（见图4-2），而且存在繁殖行为。作为国家二级保护野生动物，豹猫种群现身大城市中心区域实属罕见，这是全国乃至全世界首次在城市中心地带发现豹猫活动[①]。

图 4-2 豹猫

生态系统的稳定就是平衡，一个生态系统需要顶端猎食者，豹猫的出现证明这个湿地生态环境可以支撑它们的生存。深圳湾属于咸淡水交接的区域，底栖生物特别丰富，养活了大量鸟类；底栖生物本身都能为豹猫提供食物，再加上鼠类密度也很大，所以豹猫食物来源的多样性特别高。

然而，豹猫和它们的生态系统依旧面临各种挑战。2020年3月，深圳市交通运输局公布了《深圳湾航道疏浚工程（一期）环境影响报告

---

① 深圳政府在线. 豹猫潜行 鹭鸟惊呆.（2021-03-23）[2023-07-05]. http：//www.sz.gov.cn/cn/xxgk/zfxxgj/tpxw/content/post_8644032.html.

书》(下称《报告》)提及一个"海上看深圳"观光线路,航道疏浚区域以深圳湾大桥之东的蛇口港为起点,穿过深圳湾大桥,沿着深圳湾公园C区、D区到达深圳人才公园。这份《报告》在公示期内引发了深圳市民的热议。《南方都市报》发起的民意调查显示,79%的受访者反对深圳湾航道疏浚工程实施,担心破坏生态环境。当地媒体南方+发起调查,有96 633人参与投票,九成受访者不同意该项目。

3月25日21点21分,深圳市交通运输局在其官方微博("深圳交通")上回应称,深圳湾航道疏浚工程(一期)所在区域不属于广东省海洋生态红线区,并将在公示期内根据社会各界和广大市民的意见及建议,对该项目做进一步研究论证。近48小时后的3月27日21点10分,"深圳交通"再次发声,表示《报告》中的环评报告涉嫌抄袭,决定终止公示,并重新组织环评。国家生态环境部、深圳市生态环境局开始进入调查,并于2020年5月18日发布了对相关单位及责任人的处罚结果[①]。

2020年无疑是深圳保护生物多样性的重要年份。这一年,深圳以白名单的方式,将野生动物和猫、狗从食用范围内剔除,成为中国第一个食用猫、狗会被处罚的城市。同年4月,深圳市第六届人民代表大会常务委员会第四十一次会议通过了《关于修改〈深圳经济特区文明行为条例〉的决定》[②],其第十五条规定:"市民应当保护生态环境……保护野生动物,拒绝伤害、捕捉、猎杀、买卖和食用野生动物,拒绝买卖、使用非法野生动物制品。"

2020年4月,一条长60米、宽50米的上跨式通道在坪西路上飞跨。这项工程参考大鹏半岛自然植被结构,利用原有地形进行适当地形整理和植被恢复,结合地下涵洞清理改造,营造更丰富的湿地系统,使生态修复节点的周边环境与桥梁生境保持一致,同时恢复了物种的迁移和基因交流,形成一个可供豹猫、野猪等多种哺乳类、爬行类、两栖类动物活动和通行的通路,成功将深圳市东部生态网络重新连成一个整体。

---

① 《深圳湾航道疏浚工程(一期)环境影响报告书》送审稿公示事件处罚的讨论.(2020-06-07)[2023-07-05]. http://ihb65.com/ShenWanHang5492.html.
② 深圳新闻网.深圳经济特区文明行为条例.(2020-04-29)[2023-07-06]. https://www.sznews.com/news/content/2020-04/29/content_23109709.htm.

2021年4月，这条生态廊道开始进行生态监测，半年后，这一通道上就发现有豹猫通过①。

深圳在2021年5月22日国际生物多样性日正式对外发布《深圳市生物多样性白皮书》，这是全国首个城市生物多样性白皮书。目前深圳已记录包括仙湖苏铁、黑脸琵鹭等国家重点保护物种109种，成为深圳基于城市整体进行生物多样性规划的成果体现。

邻里生物多样性保护（Biodiversity Conservation in Our Neighborhood，BCON）理念正在引起更多人关注。邻里生物多样性保护，指的是在我们生活的范围内，在我们不能完全保护自然的情况下，尽量通过减少对自然的侵扰，减少对野生动物的干扰，来帮助野生动物实现生存和发展。这将有助于探索人类活动密集的地区有效保护生物多样性的最佳实践，兼顾保护和发展，协同可持续生计和生物多样性保护。

在深圳"自然公园－城市公园－社区公园"三级公园体系中，社区公园同样对生物多样性保护起到了重要作用。2019年，深圳市城市管理和综合执法局启动了"共建花园计划"，以社区公共绿色空间为载体，专业力量、社会组织、社区居民以共建、共治、共享方式进行园艺活动和社区环境提升。到2023年6月，深圳已建成360个共建花园，很多学校也拥有生物多样性花园。人们不但真正生活在花园中，更是获得共同参与保护生物多样性的美好体验。

BCON理念的提出者世界艺术与科学院院士周晋峰博士指出，人类活动造成了生态破坏，但人类活动也可以在保护生态中发挥重大作用，并且这种作用可以形成带动身边人共同参与的影响力。现在几乎所有的生态问题都是因人而起，所以人的改变是最根本的改变，实践BCON理念意味着不仅要有基于自然的解决方案，还要充分发挥基于人的解决方案（Human-based Solutions，HbS）的作用。HbS是每个人都可以参与的，从改变我们的行为方式、思维方式、生活方式，以及与自然互动的方式等做起。

---

① 深圳晚报. 嘘！深圳这地有豹猫出没！．（2021-09-07）[2023-10-22]. https：//m.163.com/dy/article/GJ8KE6QV05149PH8.html.

📝 拓展阅读：坦普尔·葛兰汀的《天生不同：走进孤独症的世界》

坦普尔·葛兰汀（Temple Grandin）是一位卓越的动物科学家、高功能孤独症患者、著名作家和教育家。同时，她还是伊利诺伊大学动物学博士、科罗拉多州立大学动物科学教授、美国艺术与科学院院士、动物福利事业的倡导者与践行者。她在畜牧设计方面的成就得到了广泛的认可，也因自身经历做了很多关于孤独症的研究与推广工作。

1947 年，葛兰汀出生于美国，2 岁时被诊断患有孤独症，直到 4 岁才开始说话。根据其人生故事改编的电影《自闭历程》（Temple Grandin）荣获美国电视艾美奖、美国电影电视金球奖以及美国演员工会奖等多项大奖。

在 20 世纪 70 年代初，葛兰汀开始致力于提高动物畜牧业的设施和处理方式，她深入研究与设计了针对不同动物感觉器官的响应和反应机制，创造性地设计出一些畜牧设备用以改善动物的生存环境，提高了畜牧业的工作效率。葛兰汀强调人与动物之间的联系和共生关系，在她的著作中强调了非人类动物的智能，以及它们与人类类似的感情和思考能力。她最著名的著作是与凯瑟琳·约翰逊（Catherine Johnson）合著的《我们为什么不说话：动物的行为、情感、思维与非凡才能》（*Animals in Translation: Using the Mysteries of Autism to Decode Animal Behavior*），其中讲述了关于动物行为学、心理学和孤独症研究的内容，既有坦普尔·葛兰汀的经验和研究心得，也包括了一些基本的科学知识、案例和趣闻，以动物的角度，通过寓言故事，将人类和动物之间的复杂关系娓娓道来。

除了在畜牧业方面的突出贡献外，葛兰汀还在研究人类孤独症方面做出了重要贡献。她发明了"压力机"，这是一种可以使孤独症患者感到安全和舒适的夹层设备。她发现，包裹孤独症患者的身体可以减轻他们的焦虑和不安，并帮助他们集中注意力。葛兰汀的压力机推广得非常成功，许多治疗专家已经在使用它来帮助孤独症患者。

葛兰汀认为，许多孤独症患者都有非凡的记忆和认知能力。她经常鼓励孤独症患者利用他们的记忆和认知能力去探索自己感兴趣的领域,并加强自我认知的能力和管控力。针对孤独症患者在社交方面的困难,葛兰汀设计出了"卡片助手"。葛兰汀鼓励孤独症患者使用带有图片和文字的卡片来辅助他们在交往中更好地沟通,这些卡片可以包括日常用语、问题、兴趣爱好以及其他主题。这种卡片助手方法已经被广泛使用,在社交方面很大程度上帮助了孤独症患者。

葛兰汀关注孤独症患者的情感和感觉过敏问题,以及动物方面的生活质量议题。她喜欢为动物保护服务,认为负责任的家禽和家畜饲养可以帮助孤独症患者适应社会,并提高这些动物的生活质量。她还写过一本关于动物治疗帮助孤独症患者的书籍。

在《天生不同:走进孤独症的世界》(*Think in Pictures: And Other Reports from My Life with Autism*)一书中,她以其独特的视角和精妙的科学性笔触,分别从孤独症的起因、诊断标准、早期干预、治疗方法,以及孤独症患者的思维模式、感官问题、情感问题、人际交往问题等方面进行了阐述,为我们打开了孤独症主观体验的一扇窗,使我们能够近距离地了解孤独症患者的世界。

插画故事

《最有影响力的兽医——吉米·哈利》

吉米·哈利(James Herriot)生于 1916 年,21 岁从英国格拉斯哥兽医学院毕业后,应聘到约克郡德禄镇做一名兽医助手,开启了兽医生涯。

作为一名乡村兽医,吉米·哈利面临的挑战之一是物种的多样性,治疗的动物大小不一,性情有的温顺有的狂野,有猫、狗、鸡、马、牛、羊、猪等家养动物,也有鸟类以及观赏鱼类,偶尔还会遇到野生动物。吉米·哈利以温情的笔调写了 8 本自传体兽医小说,记录了动物是家庭和社区中重要成员的事实。他的小说风靡全国,荣登《纽约时报》(*The*

New York Times）畅销书榜首，更被拍摄成电视连续剧《万物生灵》(All Creatures Great and Small)。这8本小说分别是：

图4-3 吉米·哈利在乡村

（1）《万物既伟大又渺小》(All Creatures Great and Small，1970)；

（2）《万物有灵且美》(All Things Bright and Beautiful，1972)；

（3）《兽医说啥就是啥》(Let Sleeping Vets Lie，1973)；

（4）《给马儿看病的兽医》(Vet in Harness: James Herriot，1974)；

（5）《万物既聪慧又奇妙》(All Things Wise and Wonderful，1976)；

（6）《万物刹那又永恒》(The Lord God Made Them All，1981)；

（7）《万物生光辉》(Every Living Thing，1992)；

（8）《吉米·哈利的儿童宝库》(James Herriot's Treasury for Children，1992)。

书中细腻的生活记录和对动物的关怀让世人了解了兽医，感受到了兽医身上散发出的博爱精神，启发了后世的兽医文学。吉米·哈利1979年获颁大英帝国勋章并谒见女王，1982年成为皇家医学院特别会员，1983年获得利物浦大学荣誉兽医博士学位。他一生扎根于德禄镇，从事兽医工作，执业长达五十多年，也因此被称为"世界上最伟大的兽医"。

吉米·哈利认为，动物是有感情和意识的生命体，应该受到尊重和关注。他在书中经常描述动物的痛苦和困境，并倡导采取更加人道的方式来解决动物的健康和福利问题。他记录了如何帮助一个农民改善自家牛棚的故事。吉米·哈利向农民提出建议，动物需要一个舒适、干净、安全的住所，以保护它们免受天气、疾病和其他危险因素的侵害。而农民家原来的牛棚非常狭窄、黑暗和肮脏，缺乏任何设备和卫生措施，不利于动物的健康，于是他建议农民为牛棚增加窗户、增加通风量，并清理垃圾和粪便。

在这些书中，吉米·哈利用幽默和温馨的方式向读者展示了兽医是如何通过自己的专业知识和技术帮助动物的。在为一匹马治疗胃溃疡的过程中，他发现这匹马一直在吃捡拾到的草或者树皮等随意的食物，导致它的胃出现问题。他向马的主人建议提供优质的饲料来确保马得到足够的营养和能量。在给马提供了适当的饮食后，它的健康情况得到了显著改善。他在书中这样写道："我认为成为一名兽医是一份非常有价值的工作，因为你不仅能够帮助动物解决健康问题，还可以与人类建立联系和互动。"

课堂活动：交往中的行为调适

人们希望事业成功、得到提拔，论文被同行阅读和讨论，而在适合的期刊上发表论文是晋升和扩大声誉的阶梯。这种情况在所有学术领域，不论是哲学或历史学，还是心理学或医学，都是一样的，是完全可以理解的，本身不应受到非议。但是，哲学家和历史学家为求取功名利禄所发表的论文，最多不过是浪费纸墨，令同行生厌而已，而进行动物实验的论文则造成动物的剧烈疼痛或持久的痛苦。因此，他们的研究必

> 须遵守必要的严格标准。①

思考：对于这段话，你有何理解？

_____
_____
_____
_____

带着以上思考，开展以下课堂活动。

步骤1：请回答下面问题：

（1）如果你的朋友对你说了一些不友好的话，或者咄咄逼人地推你，你会有何感想？你会感到很难过，甚至会哭吗？你是否会感到惊讶，想知道他/她为什么会说出如此不友好的话？你会如何回应？会对你的朋友说一些不友好的话吗？

（2）一个不友善的人带着愤怒对着一个动物大声喊叫，甚至打它或者踢它，你认为这个动物会有什么感受？这个动物可能会有什么反应？（这个动物可能是宠物，也可能是野生动物、农场动物、马戏团的动物。）

---

① 辛格. 动物解放. 祖述宪, 译. 北京：中信出版集团, 2018: 94.

步骤2：将问题颠倒过来，重新回答：

（1）当有人对你说好话时，你有什么感觉？

$$$$

（2）当有人对动物温和地说话，和蔼可亲时，你觉得这个动物会有什么感觉？

$$$$

步骤3：仔细阅读以下案例：

1977年《美国心理学家联合会通讯》(The American Psychologist)报道，乌尔里克·奈塞尔（Ulric Neisser）所做的动物攻击实验被选为非人道研究的实例。令编辑感到惊讶的是，乌尔里克竟回信说，批评使他"振作起来"，并说："我研究的初衷是想了解并有助于解决人类的攻击性问题，但后来发现，我的研究结果似乎没有理由继续下去。相反，我开始纳闷，或许是由于金钱回报、专业声誉和旅行机会等驱使我把研究维持下去，而且（由行政官员和立法系统所支持的）我们的科学界是否实际上就是这个问题的一部分"①。

曾任美国灵长类动物平衡台实验项目负责人的唐纳德·巴恩斯（Donald Barnes）博士的思想也发生了同样的转变，他把乌尔里克所讲的过程称为"条件性伦理盲"。换句话说，就像大鼠建立的条件反射一样，单击压杆便可得到食物回报，人也由专业回报建立起条件反射，而不顾动物实验所产生的道德问题。巴恩斯

---

① 辛格. 动物解放. 祖述宪, 译. 北京：中信出版集团, 2018: 90-91.

说："我就是一个我所说的'条件性伦理盲'的典型例子。在整个实验生涯中，我都是利用动物获取回报，把它们当作人类改善生活或取乐的来源对待……在我16年的实验室工作期间，直到我在从事动物实验工作末期提出这个问题，在此之前，不论在正式还是非正式的会议上，从来都没有人提过使用实验动物的道德和伦理问题"①。

作为动物实验产业在哲学上的主要辩护人，加拿大哲学家迈克尔·艾伦·福克斯（Michael Allen Fox）1986年出版了他的著作《动物实验的理由》（*The Case for Animal Experiment*），戏剧性的是，福克斯在他致《科学家》（*The Scientist*）杂志编辑的一封信中，对激烈批评他这本书的一篇书评做出回应。信中说，他同意书评的观点，也认识到自己书里的论证是错误的，而且在道德上证明动物实验合理是不可能的。他在思想上完全改变了观点，后来福克斯成为素食者②。

后来，乌尔里克建立了一种基于生态认知的"内部世界-外部世界"模型，从而成为认知心理学之父。在这一模型中，他认为个体对外部世界具有认知能力，可以掌握个体与环境的交互关系，并能够做出调整行为的决定。乌尔里克认为，行为的决定不是由个体与外部世界的一般性描述决定的，而是由个体如何看待特定情景决定的，这种观察既唤起了进化上的行为反应，也影响了个体如何调整行为。

步骤4： 小组内就"条件性伦理盲"以及"个体如何调整行为"展开讨论，并分享与此相关的生活案例。

步骤5： 每个小组各选一名发言人，向全班汇报反馈意见。

步骤6： 思考从对这个话题的讨论中得到的收获，以及此刻的感受。

步骤7： 列出接下来可能想要做的事情。

---

① BARNES D J. A matter of change. [2022-11-20]. http://www.animal-rights-library.com/texts-m/barnes01.htm.
② 辛格. 动物解放. 祖述宪, 译. 北京：中信出版集团, 2018：316-317.

主题五

情感智力

- 什么是情感智力?
- 读一首诗:《弹弓在城市里打鸟》
- 生命价值:活出意义,发展行星意识
- 拓展阅读:罗马俱乐部的《众生的地球》
- 插画故事:《中国近代动物保护主义先
  驱——吕碧城》
- 课堂活动:万物一体之仁

生命的意义存在于"宇宙的创造性冲动"之中。

从万物一体之仁的本然出发，带着好奇心、同理心、爱、尊重和敬畏心去探索生命与地球的诗性之美，不断发展构建生命之网的连接能力，在参与生态文明实践的过程中，做恰好的选择，达成自身内在的和谐，体验幸福，更以行星意识，达到与世界共生共荣的最佳状态。

什么是情感智力？*

词源学解释

情感智力（affective intelligence）是一个人知（knowing）、情（feeling）、意（willing）、行（doing）合一的价值感受和评估系统。人们透过辨识情绪达成正心，透过察识意图达成正念，透过做恰好的选择达成正义[①]。

通常人们会将情感智力和情绪智力（emotional intelligence）两个词混用，并以为它们表达的是一个意思，实际上情绪智力仅是情感智力的一部分，包括情绪感知和表达能力、情绪促进思维的能力、情绪理解能力、情绪管理能力四个因素。

情感智力包括认知自我的内省能力，探索人际关系的能力，以及探索与动物、自然、宇宙之间关系的能力，有审美关系属性，有助于帮助我们扩展对有情众生和诗意的地球的理解，获得对个体与环境共生共荣的"最佳状态"的体验。

人类的经验是自然事实，人类对自然的认识源于对我们身体的直接摄入，感官感知并不是人类唯一的感知方式。事物因它们自身的情感性感受而被感知，同时，亦在人的内心唤起相应的情感反应。科学家们发现，人的悲伤情绪持续的时间竟然是包括羞愧、惊讶、烦躁和无聊在内的其他情绪的 240 倍。走出悲伤需要 120 小时，忘掉厌恶和羞愧仅需要 30 分钟，憎恨能够持续 60 小时，快乐则有 35 小时[②]。持续时间长的情绪是由产生重要影响的事件引起的，其中情感评价系统起到了至关重要的作用。情绪情感究竟是如何发生重要作用的，也成为人类对自我探索的重要部分。

《中庸》讲："喜怒哀乐之未发，谓之中；发而皆中节，谓之和。中也

---

* 本节主笔人为张媛媛和张会永。
① 张媛媛，白鹀. 过程诗学教育实践提纲.（2023-09-20）[2023-11-16]. https://zhuanlan.zhihu.com/p/650720408.
② VERDUYN P, LAVRIJSEN S. Which emotions last longest and why: the role of event importance and rumination. Motivation and emotion, 2015, 39（1）: 119–127.

者,天下之大本也;和也者,天下之达道也。致中和,天地位焉,万物育焉。"这可谓是对中国情感智力最早的系统论述。《传习录》讲:"喜、怒、哀、惧、爱、恶、欲,谓之七情,七者俱是人心合有的。但要认得良知明白……七情顺其自然之流行,皆是良知之用,不可分别善恶,但不可有所着;七情有着,俱谓之欲,俱为良知之蔽;然才有着时,良知亦自会觉。觉即蔽去,复其体矣!此处能勘得破,方是简单透彻功夫"。这可被理解为王阳明与学生探讨如何发展情感智力的经典论述。情绪的功能在于对行为过程的生理评价反应,情感的功能在于对行为目标的生理评价反应。

蕴含情理的行动

人的心智并不局限于头脑中,它还具身于(embodied in)整个有机体中,而有机体根植于环境中,大脑、身体和环境相互连接在一起[①]。心智是从自我-他者的主体间的、动态的共同决定中生发出来的。随着心理学研究的不断深入,人们发现符合主体需要和愿望的事物会引起积极的、肯定的情绪,相反,就会引起消极的、否定的情绪。在日常生活中,情绪可以让人类自动趋利避害,做出更利于生存的选择。

通俗地讲,人的心智模式通过知、情、意、行四个方面的整合和发展,不断进入新的层次。其中,知识是认知的基础;情感在认知基础上产生,同时也反作用于认知;意图创造出一个带有情绪和情感的意志过程。每一个行为决策都源于对当前系统结构中的各要素的觉察和持有的各种假设,这些假设都与自我目标导向所形成的内在评价有关。

在心智模式的框架里,人们很容易将自己的假设和推论的观点视为事实。在《卖油翁》里,康肃之所以刁难卖油翁,是觉得被"睨之",更是对卖油翁"但手熟尔"的言论感到愤然,继而要求卖油翁证明自己的言论,在亲眼看到结果后,再听卖油翁说"惟手熟尔",康肃已不是之前的康肃了。

在生活中,卖油翁的故事似乎很常见。当我们感知到某个事物时,我们不仅会直接感受到它的存在,还会因为这个事物而产生一些情感反应。这些

---

① THOMPSON E. Empathy and consciousness. Journal of consciousness studies,2001, 8(5-7):1-32.

情感和感知是相互依存、交织在一起的，无法分离。同时，由于我们的情感和感知都来源于世界，所以我们所知道的、所体验到的事物都沉浸在世界的情感海洋中。

《大学》说："物格而后知至，知至而后意诚，意诚而后心正，心正而后身修，身修而后家齐，家齐而后国治，国治而后天下平。"这里提到了心智活动过程中人的心境情绪易受扰动，事物的本来面貌也随之难以把握，正心方能觉察它、关照它。想要做到"正心"——有目的、有意识地关注与觉察当下的一切，而对当下的一切又不做任何判断、任何分析、任何反应，这并非易事。

18世纪末和19世纪初，休谟在《人性论》中对于人类知识的范围和获取方式进行了分析，否定了任何先验知识的存在。他认为，人类理智或知性是一种发现真伪的认知能力，即一种发现不同观念或事物之间关系的联想能力；而人类情感则是指当祸福呈现出来时，人类心灵所发生的一种猛烈的和明显的情绪[1]。休谟认为，情感具有主动性，它会产生欲求，并激发人们采用行动来实现该欲求；而理性具有惰性，它不能激发人们的行动，因此理性应当是情感的"奴隶"。但是他也认为，理性具有两个重要作用：一是作为手段帮助情感去实现目标；二是通过认识能力来确定情感的目标是不是盲目或虚幻的，从而协助情感改善目标[2]。

在当时的哲学圈里，休谟是极受欢迎的，他对远在德国的康德并不了解。作为后起之秀，康德仔细研究了休谟的思想，反思了自己的观点，开始尝试系统化地阐述人类先验知识的存在和构成。与休谟不同，康德认为，人类理智是一种通过知性规则"为自然立法"的认识能力，而人类情感则是一种在感性上对快乐或不快的感受能力[3]。人类理性可以在抑制自爱和摧毁自大等自然情感的基础上，使人在感性上产生一种敬重的道德情感，从而在主观上产生依照道德要求去行动的动机："有两种东西，我们愈时常、愈反复加以思考，它们就给人心灌注了时时在翻新、有加无已的赞叹（Bewunderung）

---

[1] 休谟. 人性论. 关文运, 译. 北京：商务印书馆，1980：476-498.
[2] 同①453-455.
[3] 康德. 判断力批判. 邓晓芒, 译. 北京：人民出版社，2002：5-33.

和敬畏（Ehrfurcht）：头上的星空和内心的道德法则"[①]。

随着时间的推移，康德的思想逐渐有了更多的支持者，成为欧洲思想界的重要力量。从他们的论述中可知，虽然传统哲学对情感和智力的联系也进行了较多探讨，但这种联系很多时候都是外在的和工具性的：要么理智是实现情感目标的手段，要么情感是理性要求的主观表现。这些研究很少深入地探讨二者之间的内在联系，即情感所具有的智力要素和智力所包含的情感要素。对这种内在联系的探讨，典型地表现在现代心理学的理论中。

1960年左右，罗伯特·扎荣茨（Robert Zajonc）在一系列研究中发现，人们对于熟悉的事物有一种正面的情感，由此，论证了简单暴露效应（Mere Exposure Effect, MEE）。这引发了又一场空前大辩论。这场辩论的中心是情绪和认知哪个对行为的影响更重要。认知派强调认知过程对行为的重要性，认为人的行为主要通过外界刺激经过认知处理后形成；而情感派则认为情感对行为具有更大的直接影响，情感在很多情况下会优先于认知起作用。针对这个问题，扎荣茨提出了"增效假说"，即在简单、无意识的任务中，情感可以增强行为的表现力；而在复杂、有意识的任务中，情感可能会干扰行为的表现力。他还提出了"情感优先假说"（the affective primacy hypothesis），即在完全没有识别记忆（新旧判断）的情况下，可以进行可靠的情感辨别（喜欢－不喜欢评级）。情感和认知处于独立与部分独立的系统的控制下，这些系统能够以各种方式相互影响，并且都构成了信息处理中独立的影响源[②]。这些观点引起了认知心理学家的不满，他们认为不能简单将情感和认知对立起来，且情感并不一定会妨碍行为的表现力。而情感心理学家则认为这些观点是对情感研究的重要贡献。这场辩论持续了很长时间，直到20世纪80年代后期，双方才逐渐达成一致，意识到情感和认知在不同任务中对行为的影响是相互补充的。

这场辩论的深远意义不仅在它本身，更重要的是它颠覆了认知驾驭情绪的心理哲学基础，使情绪、情感被提升到前所未有的位置，促进了情感心理

[①] 康德. 实践理性批判. 韩水法, 译. 北京：商务印书馆，1999：77.
[②] ZAJONC R B. Feeling and thinking: preferences need no inferences. American psychologist, 1980, 35 (2): 151-175.

学和认知心理学的交叉与融合。

哲学人类学的奠基人之一马克斯·舍勒（Max Scheler）对此的思考则非常有卓识远见。在他看来，人的情感领域有两种截然不同的东西，即感受状态和感受，前者属于内容和显现，后者属于接受它们的功能和机制。感受具有价值指向性，而意向是对感受的察识，作为意向对象的感受与促发实际行动的意欲之间存在着一种本质性的关联，感受能够促发意志而引发实际行动，使行动蕴含自己的情理[1]。因此，唯有真正做到对真意图的察识，亦即"正念"，才能抵达"正义"，做出恰好的选择。

做恰好的选择

亚当·斯密 1751—1764 年在格拉斯哥大学担任哲学教授期间，出版了《道德情操论》（*The Theory of Moral Sentiments*），并论述了三种美德，分别是利己、克己和利他。亚当·斯密推崇克己（合宜），合宜即"做恰好的选择"，其终极完美是正义，即不伤害他人。1776 年，亚当·斯密出版了《国富论》（*An Inquiry into the Nature and Causes of the Wealth of Nations*），他将《道德情操论》中描述的道德人投入分工与自由交换的市场中，成为经济人，并为市场下了一个隐喻——"看不见的手"，每个人都要"在内心设置一个公正的旁观者"，尽量不做侵害他人的事，这样，"开明的利己者"才能最好地满足自私的愿望。在亚当·斯密看来，我们能够站在他人的角度看问题，也能够站在一个公正的旁观者角度看问题，不伤害他人基础上的利己可以促进社会财富最大化。

关于火星移民的讨论惹人关注，一些人对星球移民充满了期待，原因之一是地球已经承负不起世界上现有的人口了。全球生态足迹网络根据联合国粮农组织、联合国商品贸易统计数据库、联合国统计司以及国际能源署公布的数据集，以可用于提供人口消耗的资源和吸收其废物的生物生产性陆地和海洋面积的数量来评估地球的生物承载力。事实上，大多数国家和整个世界都存在生态赤字，世界上超过 85% 的人口生活在生态赤字国家。2022 年

---

[1] 黄晶. 感受促发的行动有可能是道德行动吗？：基于马克斯·舍勒对感受的现象学分析. 郑州轻工业学院学报（社会科学版），2018（2）：65-70.

的数据显示，平均起来，全世界的人类正在使用 1.75 个地球的资源，也就是说，我们在预支未来的地球资源。

时至今日，亚当·斯密《国富论》中那只"看不见的手"依旧具有深刻的意涵。对于地球而言，人类该如何成为"开明的利己者"？作为理性和感性合一的"全人"，其发展的整体任务应该包括"将道德的、审美的、情感的直觉与科学的最普遍力量结合起来，以形成一种首尾一致的世界观"，尊重天地万物一体之本然，理解人的健康与动物健康、环境健康密不可分，不断发展"一切关系都是审美关系"的觉悟能力，以关怀、正直和智慧的愿望生活，心系万物诗性繁荣，做恰好的选择，关怀与尊重他人、动物和环境。当然，这就是以一生的时间来实践生命关怀心智模式的整合发展，简单说来就是致良知①。

读一首诗：

《弹弓在城市里打鸟》

张 口

弹弓在城市里疯狂地穿行，寻找一块小石头

一块被河水或溪水冲刷过的小石头

但是没有，到处都是钢筋混凝土的残渣

在一个乌黑的臭水沟里

弹弓终于找到一块看似小石头的东西

城市里的树还真不少，到处都是五颜六色的树

---

① 张媛媛 2023 年 7 月在德国慕尼黑哲学学院第 13 届世界怀特海大会上的演讲《过程诗学在教育中的应用：生命关怀心智模式的整合发展》（"A Application of Process Poetroy in Education: The Integrated Development of Caring for Life Mental Model"）。

路中央，楼顶上，大树上还长着一棵小树

一个穿西装的老人手里拿着一棵白色的小树，对着夕阳发呆

刮风了，老人吹着口哨走进屋里，屋里传来鸟叫声

弹弓也冲进屋里，朝着传来鸟叫声的地方射出了小石头

老人"哇"的一声大叫

转身看见了一把看似传说中的叫弹弓的东西

他摸了摸自己的后脑勺

红色羽毛的小鸟一只一只掉到地上

生命价值：活出意义，发展行星意识

　　大人之能以天地万物为一体也，非意之也，其心之仁本若是，其与天地万物而为一也。岂惟大人，虽小人之心亦莫不然，彼顾自小之耳。是故见孺子之入井，而必有怵惕恻隐之心焉，是其仁之与孺子而为一体也；孺子犹同类者也，见鸟兽之哀鸣觳觫，而必有不忍之心焉，是其仁之与鸟兽而为一体也；鸟兽犹有知觉者也，见草木之摧折而必有悯恤之心焉，是其仁之与草木而为一体也；草木犹有生意者也，见瓦石之毁坏而必有顾惜之心焉，是其仁之与瓦石而为一体也。是其一体之仁也，虽小人之心亦必有之。是乃根于天命之性，而自然灵昭不昧者也，是故谓之"明德"。

——王阳明

　　《庄子·天道》云："天地固有常矣，日月固有明矣，星辰固有列矣，禽兽固有群矣，树木固有立矣。"怀特海说："有机体的首要目的是让它的协调

的个体表现力存活下来"[1]。意思就是，一切生命皆有其主体的目标：活着，活得好，活得更好，是经验的存在、价值的存在。在生成的过程中，不仅经验着，而且享受着。

怀特海在《教育的目的》(The Aids of Education)一书中指出，"教育只有一个主题，那就是丰富多彩的生活本身"，并强调"教育应该培育出一种最为本真的审美意识，对所遇事物的精彩之处的不由自主的、发自内心的欣赏。这是教育素养中最重要的一部分，也是最有用的一部分，它渗透到我们存在的方方面面"[2]。

那么，生活本身又是什么样子呢？1967年，居伊·德波（Guy Debord）在《景观社会》(La société du spectacle)一书中指出，在现代生产条件无所不在的社会，生活本身展现为景观（spectacles）的庞大堆聚，直接存在的一切全都转化为一个表象。人们因为对景观的迷入而丧失自己对本真生活的渴望和要求。1970年，让·鲍德里亚（Jean Baudrillard）在《消费社会》(La société de consommation)一书中指出，人们在表面富裕的陷阱中沉醉于符号与物品的消费，逐渐迷失了自我，与此同时，社会整体人际关系逐渐空虚，社会不断被物化、异化。1971年，小约翰·柯布写了《是否太晚？》(Is it Too Late?)一书。在该书中，柯布指出了生态危机的严重性，并呼吁人们马上开始关心我们的星球，也许一切还不算太晚。

我们所处的世界由"关系"规定着，这是一个万事万物相互关联的宇宙，过去发生过的每一件事都对当前有一定的影响，当前正在发生的每一件事都对将来有一定的影响。现实世界更是一个过程，怀特海将这个过程描述为事件粒子——动在（actual entities）的生成（becoming），关系作为动在的构成性要素亦决定了每个事件都存在于当下，然后成为未来事件的组成部分。世界是生生不息的合生（concrescence），是一事件粒子摄受其他事件粒子而成为完整的统一体，它是从"多"到"一"的自我综合、自我组织的过程。现实世界的时间和空间对应着事件的延续性和广延性，最小的事件就是

---

[1] 怀特海. 思维的模式. 姜骞, 译. 成都：天地出版社, 2019：29.
[2] 怀特海. 教育的目的. 靳玉乐, 刘富利, 译. 北京：中国轻工业出版社, 2016：15.

瞬息间的点滴经验和感受，是构成现实体（reality）的材料①。无论在空间还是时间上，我们都处于一个接续不断的关联网中，在这个关联网中，从多到一的"合生"力量在因果力量下整理众多可能性，在过去整个实际世界的基础上将可能的经验之流聚集为下一个新的实有、下一个新颖事件。每一个个体的每一个当下选择和意识之流都将在巨大的生命之网上泛起涟漪，对未来的可能走向产生某种程度的实质性影响。

但是，我们向周围看去，既不可能看见构成个体的电子或夸克，也不可能看见存在于你我之上的经验之流，我们在这世界上所看见的东西就是"群集"②的实例——诸动在以特定方式结合在一起构成的集合体（society）或共同体（community），具有个体秩序。共同体的范围从亚原子延伸到水晶、岩石、行星和恒星，还包括活的机体，我们的星球即是由很多含有不同层次的从属共同体构成的有秩序的更大共同体。

朱熹以"天地之心，只是个生"来概括万物自身固有的内在价值，"凡物皆是生，方有此物。如草木之萌芽，枝叶条干，皆是生方有之"（《朱子语类·仁说》）。"生"——是不需外界赋予的天然本性，生命之力就是机体对环境的新颖反应，每时每刻都力图得到最大发挥，力图争取当前时空下的最佳结果。在其中，生命所拥有的三种关系能力是关键：一是主动对周围开放并接受其影响的能力；二是从自己所吸收的东西中创造自己的能力；三是通过首先受其影响的方式来影响周围的人的能力③。世界是关于"生成"的创造性的庞大网络，更是一个经验互在的情感海洋，每一个个体都参与其中，拥有着美、真、善、冒险、平和五大本能感受，无时无刻不在感知着、经验着，并以此判断着、选择着。

个体有对关系展开认知探索的本能，其终极探索就是关于现象与实在的符合程度，这种符合程度有大和小、直接和间接之分，对"真"的体验即是对所探索的命题做判断的本能感受。在求真的探索过程中，有趣比它是真的

---

① 梅勒斯. 过程-关系哲学：浅释怀特海. 周邦宪，译. 贵阳：贵州人民出版社，2009：91.
② 怀特海用"群集"这一数学概念来命名他所提出的这个哲学概念，因为他是一位数学家。
③ 同①70-102.

更为重要，一个经验事态中的命题，其作用的能量就在于它的趣味性及重要性①。好奇心就是个体在现实体层面对经验事态之作用、能量的具体回应，人们喜欢问：我是谁？从哪里来？与谁在一起？我们在何处？如何被对待？去向何方？透过问问题、回答问题去把握关系运行的规律也是我们生活的一部分，每一个个体总是希望依照自己所理解的规律行事，这是个体对万物一体的本能遵照。《道德经》有言："人法地，地法天，天法道，道法自然。""万物一体之仁"的内在天性命令我们尊重及支持他者存在，这也构成怀特海所谓的基本预设②。生命之网上的个体想要自己活得好，就必须保持对他者的关切，"共生"即是对善这一内在本能感受的现实要求，也意味着对他者所代表的群集关系的理解，因此真与善不可分割，它们都属于关系性感受。

与无生命系统的均衡状态相比，生命内在和谐的特征就是"蓬勃发展"，既包括为不断适应环境的稳定性而创造的"合生"，又包括为偏离均衡的新颖性而创造的"转化"（transition）。"转化"是指事件粒子组成的群集被其他群集摄受而成为其他群集的一部分，它是从"一"到"多"的过程。在事物的生成过程中，"合生"与"转化"相互联系、不可分割、永不间断；没有"合生"，就没有万物；没"转化"，就没有自然的进展③。

"冒险"与"平和"是与事物生成相关的两种过程性感受。通俗地说，关系的稳定意味着有序，关系的变化意味着失序。"冒险"是意欲探索与创造新关系的本能感受，与某种新颖性关联；而"平和"则是接受与维持当前关系的本能感受，与某种稳定性关联。对于人来说，生存（活着）就是不断扩展对生生不息的世界的理解，不断获得与环境共生共荣的"最佳状态"的经验和感受，不断生成新颖性的"我"，这个新颖性的"我"是自身固有的内在价值、为他者的价值和为整体的价值的"三位一体"④。

值得注意的是：固有的内在价值是相对自身而言的，因此无高低、大小之分，唯有在讨论为他者的价值时，因与他者的新颖性创造相关，所提供的丰富度才被他者置于评价（valuation）对象的地位。个体自身的新颖性创造

---

① 怀特海. 观念的冒险：修订版. 周邦宪，译. 南京：译林出版社，2014：265-269.
② 余英时. 论天人之际：中国古代思想起源试探. 北京：中华书局，2014：153.
③ 王锟. 太极 VS 创造性：朱熹与怀特海本体论之比较. 现代哲学，2021（5）：145.
④ 怀特海. 过程与实在. 杨富斌，译. 北京：中国城市出版社，2003：410-414.

与他者及整体的新颖性创造互相影响。达尔文所观察到的进化正是这种新颖性创造过程的共同结果；恩格斯所认为的"人本身是自然界的产物，是在自己所处的环境中并且和这个环境一起发展起来的"①也表达了同样的意思。

鲸豚遨游大海，花草树木生长，蝴蝶完成羽化即寻花吸蜜繁衍后代，蜉蝣水生三年出水翩翩一日，万物既各不相同又相互融通②，每一个都是独特的"冒险"和"平和"的经验之流合生的过程，都是其后继阶段走向完善的现实基础。经验事态中诸因素之间的相互适应就是"美"，美牵涉共同体中各组成成分相互的关系、现象中各组成成分相互的关系，以及现象与共同体之间的关系。每一个共同体都具有它所属的动在或互在的价值，都要求得到应有的关注，对"美"的体验即是那种本能地要求自身处于最佳和谐状态的感受，可以说审美关系成为一切关系的总属性。人对自然美的赞叹和敬畏，就在于人是自然的一部分，生来就存有对自身的确认，并以共在确证了对自然这个整体的认同，以互在确证了对其他自然之子的认同。审美价值归零就是现实性的归零，在这个意义上美统摄了真、善、冒险与平和，如同"仁、义、礼、智、信"中仁"统摄"了义、礼、智、信。

一个交响乐团作为一个整体而发音响亮，人们既可以听到各个演奏者用不同的乐器演奏出了响亮的声音，又把它归于作为乐团的整体创造，演奏者与倾听者以精神的作用共同完成了对交响乐的创造。人们所体验的不仅是意识的过程，还有除此之外的共在性（togetherness），审美关系透过创造性实现了诸共同体的自我塑造和繁荣，共在是新颖性的关系场，共同体及其内嵌的诸共同体各自且同时证明了存在的合理性。

正是"一体之仁"使万物与人类、天道与人性构成一体同在的"同一性"，万物一体之仁的内在天性要求我们从所处的生命共同体出发，洞察自身与更大的共同体之间的关联，基于生命之网，以超越的勇气，摆脱不道德（不负责任）的宿命论③，努力拨开遮蔽，活出价值，体验内在和谐。"意义"

---

① 马克思恩格斯选集：第3卷. 北京：人民出版社，2012：410.
② 樊美筠. 生态文明是一场全方位的伟大变革：怀特海有机哲学的视角. 国际社会科学杂志，2020（2）：77.
③ 尤西林. 阐释并守护世界意义的人：人文知识分子的起源及其使命. 新修订版. 上海：华东师范大学出版社，2017：81.

就是这一过程中的那种超越性张力，是个体对新颖性不断产生的可能性的期许和认同，其内容是对"美不是由形式上的和谐构成的，而是一种内在和谐的体现"①这一本能感受的具体回应。

透过共建人、动物、环境同一健康的社会化劳动，人类真正投入自然这一共同体的新颖性创造中。在自然这一共同体内，人不断确证自身固有价值的发展，以互在确证了彼此，以共在体验和享受万物一体之仁所指向的内在和谐之美。生命的意义就存在于"宇宙的创造性冲动"中，是不断发展、构建生命之网的过程，指向"万物一体之仁"生生不息的审美关系。

在探讨人的生命意义这个话题时，是以个体的既定现状及未来憧憬为背景，还是以一个物种的既定现状及未来憧憬为背景，差别巨大。

每个人都在过去的经验或他人的经验中发展自己的价值观与信仰、个人经历和情感需求，这些因素构成了人们对生命意义的理解和追求。个体的意志行动包括确定行动目的、选择行动方法、制订行动计划。在某个特定的状态下，行动以一系列与环境互动的复杂方式铺展开来，为自己的生命意义服务。

人的精神活动既是主动的，又是被动的，而且还客观外在地与外部环境联系着。人所关注的要么是能够提供满足潜能的东西，要么是已经认识的能够帮助满足当下需要的东西，"满意"就是内在的主观目标实现了②。好奇心、同理心、爱、尊重和敬畏等情感将人与世界联系起来，察识自己内在的求真倾向性、同理心倾向性、关怀倾向性和共生倾向性，去做"恰好的选择"。

在潜能需要和当下需要的拉动下，我们不断识别为文明所下的定义，将对最佳状态的期待或憧憬具体化、图景化，这样的图景总是驻扎在那个持续变化着的认知边界处，亦所谓"诗和远方"。人的精神活动建立在具身性基础之上，不确定性意味深远，它与带来新颖性的冒险相关，而好奇心则让冒险得以发生。

对于人类而言，作为地球上物种的一员，我们的生存状态也与我们正在

---

① 怀特海. 观念的冒险：修订版. 周邦宪，译. 南京：译林出版社，2014：326.
② 拉兹洛. 系统、结构和经验. 李创同，译. 上海：上海译文出版社，1987：146.

做或者计划做的事情紧密相关，地球整体性的幸福将决定我们个体的幸福。在这一点上，马克思和恩格斯深刻指出："生命的生产，无论是通过劳动而生产自己的生命，还是通过生育而生产他人的生命，就立即表现为双重关系：一方面是自然关系，另一方面是社会关系"①。人作为社会的人，同时也是个性和独特性的人，每个人的本质力量是不同的和有限的，每个人的对象性本质都需要他人（即社会）来体现和补充。满足实现人的感性需要是人类文明发展的根源动力，"人的因而是社会的意义"就被包含在人的需要之中。

雅斯贝尔斯认为，人之所以为人，是"由于人越来越意识到自己是处于'存有的全体'之中，也意识到只能靠个人的自力走这条路"，"他从自己的生命中发现了可以将自我提升到超乎个体和世界之上的内在根源"②。生命的意义不仅从个体的角度讲述了生命的价值和意义，更重要的是从物种的角度揭示了人类作为一个独特物种的责任和使命——以自己及所关联的"存有的全体"之最佳存在状态为生活目标，即"万物一体之仁"，是人类与生俱来的良知本体。

人类作为一个物种，依赖于大自然的生态系统提供的资源和服务，而且也对生态系统造成了实质性的影响。人类逐渐意识到地球生态所面临的危机是个体生活的影响叠加造成的。在这场意识进化中，我们不能忽略生命的意义在物种层面的探讨。保持和维护生态平衡、促进生物多样性和可持续发展，已经成为人类的责任和义务。如果在探讨生命的意义时忽略了这些内容，就宛如一朵花没有根茎，就是一朵塑料花。

然而，这并不容易，"人们是现实的、从事活动的人们，他们受自己的生产力和与之相适应的交往的一定发展——直到交往的最遥远的状态——所制约。意识 [das Bewuβtsein] 在任何时候都只能是被意识到了的存在 [das bewuβte Sein]，而人们的存在就是他们的现实生活过程"③。人们是自己的观念、思想等的生产者，包括服装、食物、传统、仪式、典礼、精神实践和信仰、语言、家庭结构和沟通方式，以身体和精神上的形式影响着个体与社会

---

① 马克思恩格斯选集：第 1 卷. 北京：人民出版社，2012：160.
② 余英时. 论天人之际：中国古代思想起源试探. 北京：中华书局，2014：110.
③ 同①152.

文明的发展。

工业文明建立在现代科学之上，而现代科学将世界描绘成一台机器，使现代意识背离了目的、责任和整体，使人们在敬仰科学和尊重基本的价值观之间进行痛苦的抉择。是的，我们本能上可以感知到自己无时无刻不处在一张巨大的生命之网中，但现代科学和工业文明告诉我们，人是原子般的独立存在，在看得见的有限地球资源中，人类经济和社会发展必须由竞争主导，才能走向更快、更强，才能在稀缺中求得生存空间。于是，竞争和过度开发加剧了资源稀缺，生命之网的断裂从人与自然的关系开始，直到人与人的关系、人与自我的关系都处在岌岌可危的崩裂边缘。多数人感受到的恐惧、孤独和不满，事实上是对当下工业文明造成的结构性扭曲的自然反应。人们需要重新感知我们身后那张巨大的、令人感到安全的、本来就非常富足和幸福的生命之网的意义。

人类需要技术，也需要自然，人类从与环境的互动中学习知识，并发展科学技术，以及实施劳动，但这应是对自然界的创造性的响应而不是去主宰自然界。王阳明在《拔本塞源论》中严斥追逐知识技能而导致人心失序等社会现象，认为"天理之在人心，终有所不可泯，而良知之明，万古一日"。良知之"灵明"是为生命创造的原则，不仅是一身之主宰，也是天地万物的主宰，"这所谓'主宰'不是控制、征服自然界，正好相反，是使自然界沿着'生理'的方向'生生不息'，发育流行"[①]。

在怀特海看来，文明便是对社会秩序的维持，而维持生活秩序靠的便是通过展示最佳选择去说服人。活跃的文明意味着好奇之心、冒险之心及思变之心，行为模式、情感模式、信仰模式和科学技术构成文明的四大因素，行为模式是受情感模式和信仰模式维护与修正的（见图 5-1）。文明社会之所以能生存，靠的是其优点；之所以能改进，是因为其有承认自身不足的能力，好奇之心推动，使我们产生为文明下定义的企图[②]。文明无法停下演替的脚步，如同我们无法停止成长的进程一样。新颖性每时每刻都在生成着，技术的发展是人类文明演替的必然，只是人类并不能完全知晓每项技术应用的

[①] 蒙培元. 人与自然：中国哲学生态观. 北京：人民出版社，2004：354-355.
[②] 怀特海. 观念的冒险：修订版. 周邦宪，译. 南京：译林出版社，2014：92，186.

全部后果，包括更大空间或更长时间的后果，甚至也不能完全知晓多种技术应用导致的更为复杂的后果。人类总是一边发展技术，一边想要解决这些困惑，科技与人文在不同的时代都有融合的倾向，这其实也是"万物一体之仁"的内在要求。

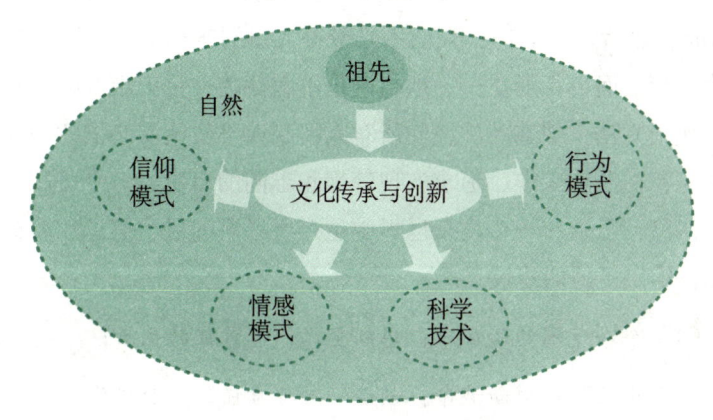

图 5-1　文明的发展要素

重视物种层次的生命意义，可以帮助我们理解敬畏①的力量。每一种生命都是独立、自主和有价值的生命体，都应该受到尊重和保护，其价值和意义是无法用简单的经济效益来衡量的。在王阳明那里，就是重视人与万物一体同源的体悟，只有这样，人才可能对万物保持深切的仁爱、关怀，把天地万物看作与自己的生命密切相连的共同体，由此赋予生命一种普遍的意义，并实现与自身、他人以及宇宙的合一。这种引导不来自教师和学校，甚至不来自政治和经济领袖们，虽然他们的投入和所起的作用是重要的，主要和关键的指导来自每个人自己的觉知，这种觉知亦即"童心"。"童心者，心之初也。"生活的核心即做恰好的选择的群集，这也是生命的内在本质，是童心之所在。那么，"夫心之初，曷可失也？"明泰州学派宗师李贽给出了他的答案：成长是一个复杂的过程，后天得来的感性见闻和理性道理主掌了人的心灵，童心反而慢慢被遮蔽了。童心从未丢失，想要拨开遮蔽，需要帮助，尤其是教育，用王阳明的话说，就是"复其天地万物一体之本然而已耳"（《大学问》），是为"明明德"。心智发展就在生活中，总有一些事或物与童

---

① 张媛媛，马翰林，苏佩芬. 基于心智模式改善的生命关怀教育. 广州：广东人民出版社，2022：86-95.

心相连,给我们以"明明德"的线索。

"进化不是命运而是机遇,未来不是被预见而是被创造。"匈牙利出生的系统哲学家欧文·拉兹洛(Ervin Laszlo)受怀特海影响从音乐领域转而投身系统论研究,在完成罗马俱乐部的第六份报告《人类的目标》(*The Goals of Mankind*)之后突然醒悟:我们不必坐等人口问题和资源问题因权利太少的人口大量死亡而自行解决——那将既是不道德的又是灾难性的。我们能够而且必须找到方法,创造条件,使所有人得到人类生活所必需的物理、生物和社会资源:住所和工作、追求实现梦想和志向的自由、一个可以生活的环境、社会保障,以及在一个复杂世界中生存所必需的最少信息和教育。2001年,拉兹洛给出了他的建议①:

(1)个人范围的新诫命:想到全球,负责任的生活;

(2)企业的一项新诫命:创造一种负责任的企业文化;

(3)政治的新诫命:扩展政府的视野;

(4)社会的新诫命:采取一种对自然的新态度;

(5)人民和文化的新诫命:从共存转变为互存。

基于物种层次来重塑文化,确保全球的可持续发展成为21世纪以来被强调的核心意义。2015年9月,联合国成立70周年峰会通过的《2030年可持续发展议程》(*Transforming Our World: The 2030 Agenda for Sustainable Development*)详细描述了可持续发展的17个目标:消除贫困,零饥饿,良好健康与福祉,优质教育,性别平等,清洁饮水和卫生设施,经济适用的清洁能源,体面工作和经济增长,产业、创新和基础设施,减少不平等,可持续城市和社区,负责任消费和生产,气候行动,水下生物,陆地生物,和平、正义与强大机构,促进目标实现的伙伴关系。

所有生物都有其内在价值,其他物种也有以它们自然存在的方式存在的权利。这为健康的经济提供了哲学和道德的基础。在这种意识下,经济的指向是达到可持续利用资源,尊重物种多样性,这样所有物种才能在一起实现

---

① 拉兹洛. 第三个1000年:挑战和前景:布达佩斯俱乐部第一份报告. 王宏昌,王裕棣,译. 北京:社会科学文献出版社,2001:29-95.

共同繁荣[1]。值得注意的是,"可持续发展"概念容易落入服务经济增长[2]的语域（register），万物生长仅被当作经济增长的资源来对待,其内在价值和为整体的价值就被轻易忽略了,这是行星边界一再被突破的根源。回看拉兹洛的建议,可以深切体会到他的担忧和期待。人类作为生态系统中的一员,所创造的经济要为共荣的福祉服务,才能确保自身的可持续繁衍和演化。我们不仅是理性经济人,也是"心理-生理-社会的整体的人",还是以"万物一体之仁"存在的生态人,生活是基于自然的解决方案和基于人的解决方案的同一健康整合过程。换句话说,每个人都沉浸在自然的整体性中展开自己的生活体验,探索并学习自然本身的范式来发展自己,以行星意识生活,并照此观念负责任地行动,这才是人类文化之全部[3]。

大道至简,美国理论物理学家、系统论专家弗利特乔夫·卡普拉（Fritjof Capra）总结出了六个维持生命的生态原则[4]：

（1）网络：生命系统互相沟通,跨边界分享资源。

（2）循环：生态系统没有产生任何浪费,物质通过生命网络不断循环。

（3）太阳能：通过光合作用,太阳能驱动生态循环。

（4）伙伴关系：生命接管了这个星球,不是靠战斗,而是靠合作。

（5）多元化：生态系统通过多元化获得稳定——越多元化,越有弹性。

（6）动态平衡：生态系统是永远动态的网络,所有变量都围绕它们的最优值上下浮动,没有一个变量是最大化的。

---

[1] 詹森. 国民财富还是国民健康？：从内部转变资本主义. 张修玉,黄毅,译. 北京：中国环境出版集团,2019：143.
[2] 王治河. 人类世、生态文明与有机过程思维. 鄱阳湖学刊,2023（1）：26-32.
[3] 张媛媛,马翰林,苏佩芬. 基于心智模式改善的生命关怀教育. 广州：广东人民出版社,2022：208.
[4] 夏莫. U型理论：感知正在生成的未来. 邱昭良,王庆娟,陈秋佳,译. 杭州：浙江人民出版社,2013：95.

因此，我们在谈论以行星意识生活时，实际上是在谈论一种新的文明——生态文明。生态文明不仅仅是优美的环境和自然生态的平衡，更重要的是恢复那张巨大的生命之网。也就是说，人类社会需要通过一种整体的系统，让自然万物重新回嵌到这一生命的支持力量中。因此，小约翰·柯布提出的"共同体中的共同体"理论是我们面对这个破碎世界而进行系统重建的理论基础之一。共同体要求我们首先回到本地，加强本地社群构建，因为社群能够创造出我们对爱和相关关联之深刻渴求的那种结构性基础。

当我们开始做出不仅对个人而且对整个社区和社会都有益的选择，开始真正关心自己与现实周遭各种关系的健康发展时，人类才能更加由内而外地意识并体验身处其中的、使人们相互依赖的生命之网。那么，在工业文明下生发的竞争经济（心理）、稀缺经济（心理）和开发性经济（心理）才能向生态文明下的合作经济（心理）、富足经济（心理）和幸福经济（心理）转变。

生态文明强调过去、现在与未来的关系，强调个体的成长和发展与整个生态的福祉合而为一，强调在满足当下需求的同时保护未来世代的利益，学会与动物、植物等各种生命共生共荣于地球之上，人类的可持续繁衍和演化在行星意识下真正达成知行合一。与他者共生而不彼此反对，以一种方式生活而不剥夺他者也照样生活的机会，这意味着要将一个人的注意力、同理心和关怀扩大到更宽广的以人类、自然和行星为中心的维度。这要求不仅要知道事实，还要知道关系。它要求好奇心、感受和直觉；感知我们自己所处的情况，关心穷人和弱者以及自然正在发生什么，理解其方方面面关系的生成和变化，并且创造性地响应之。

生命关怀心智模式的整合发展将贯穿这一观念的形成过程，这是一个包括智商、情商、德商、系统商在内的终身学习过程，其核心是理解万物依存且同一健康，尊重天地万物一体之本然的致良知心智，发展"一切关系都是审美关系"的觉悟能力，以关怀、正直和智慧的愿望生活，心系万物诗性繁荣，做恰好的选择，活出生命本真的意义。①

---

① 张媛媛，白鸦. 过程诗学教育实践提纲.（2023-09-20）[2023-11-16]. http://zhuanlan.zhihu.com/p/650720408.

案例1：良食为天——应对食物系统的多重危机

在生态、经济、文化、政治、技术和历史等各个维度上，食物都塑造了我们的世界。几千年前，人类获取食物的方式从最初主要依靠狩猎和采集，慢慢发展到基于当地市场和家庭需求展开的传统农业模式。到了20世纪，在短短的时间内，世界上许多地方的大部分食物都变为了由工业化方式生产而来——食物生产加工变得更加集中和规模化，大量应用化肥、农药和机械化设备，并通过全球化贸易网络进行国际分配。如今，在拥有近80亿人口的地球上，食物系统依旧是人类最大的产业，全球范围内有超过12亿人从事食物的生产、运输、加工和制作等各个环节的工作。

与人口急剧增长相伴，粮食安全依旧是一个重大挑战。全球有很多人口缺乏食物，同时，在运输、加工以及消费等各个环节，每一天被损失和浪费的食物的数量也相当可观。在消费主义的推动下，人们对食物的需要逐渐被替换为对商品的需求，被广告和五颜六色的食品包装左右的饮食结构也给人们带来营养不良、肥胖、糖尿病等健康问题，与营养失衡相关的医疗开支大幅度增加。

维持这个系统运作所需的资源是巨大的，食物生产占据了地球上50%以上的可居住地表，消耗了70%的淡水使用量，全球生物80%多样性的丧失和大约1/3的温室气体排放总量都是由食物系统造成的。反过来，受到气候变化而导致的加剧的干旱、洪涝等极端天气影响，未来粮食产量可能会下降，从而威胁到全球粮食安全。

在后工业时代，人们关注到农业生产过程中化肥、农药和畜牧业废弃物等产生的环境污染，开始探索更加环保和可持续的农业实践，以保护土壤和水资源。人们对有机食品和本地食品的需求增加，以应对人类活动造成的气候变化对食物生产所产生的负面影响。减少食物浪费、促进营养均衡依旧是人类变革生活方式的重要方向。同样值得注意的是，人们以肉食品为目的的养殖、交易和食用，以及养殖业对环境的改变导致人畜共患病的发生越来越频繁。人类对动物蛋白的需求增加、不可持续的农业集约化等问题是最有可能导致人畜共患病出现的人为因素。这是因为，人类为满足自身对动物蛋白快速增长的需求而砍伐森林、开垦农田、种植饲料，这种对环境的人为改变破坏了人类与野生动物之间的"自然缓冲区"。而且，集约化养殖选育快速生长的动物品种，基因库单一，且动物生存在拥挤逼仄的环境中，成为病毒传播的温床。

我们已经进入一个生活医学（lifestyle medicine）的时代，营养学家对于什么是健康长寿的最佳饮食方式已经形成普遍共识。简单地说，就是多吃完整的食物，少吃高度加工的食物；多吃植物，少吃动物性产品，天然低脂肪与低精制碳水化合物的全食物植物基饮食（whole foods, plant-based diet）成为更多人探索的一个方向[①]。原因很简单，食物是人类与自然最深厚的连接，在一个好的食物系统中，食物应该来自对自然有益的农田，而每个人都应该能够平等地获取有营养的、符合其文化传统的、在数量和质量上足够且适当的食物。

食物系统转型意味着重塑一个对自然、对人类、对动物更友好的食物生产和消费模式，而这也是实现同一健康目标的根本。2019年，良食基金基于联合国17个可持续发展目标发布了"良食倡议"，下面是基于当时食物系统有关领域最好的科学研究、社会倡议等内容，梳理、提炼出来的8条行动纲领：

（1）植物领先：以植物菜品为主，占比不低于85%。

（2）动物福利：不支持让动物受虐待的产品，比如笼养鸡下的蛋。

（3）健康饮食：选择全食物，支持健康烹饪，避免高糖、高盐和深加工食品及饮料。

（4）减少浪费：节制点餐，实施光盘。

（5）当地当季：尽可能选择当地当季食材，支持生态种植，支持小农。

（6）循环永续：减少一次性用品，尤其是一次性塑料制品的使用；如有可能，实行垃圾分类。

---

① MACKEY J, PULDE A, LEDERMAN M. The whole foods diet: the lifesaving plan for health and longevity. New York: Grand Central Life & Style, 2017.

（7）生物多样：拒食野生动物，选择可持续水产，支持可持续的多样食材。

（8）食物教育：推动家人、朋友的食物教育，支持参与食物教育课程。

每一个人都是消费者，关于食物的选择很大程度上是由每个人所处的环境塑造的。现代化进程一方面给生活带来了更多便利和更多选择，另一方面也使人类具身性的体验发生了重大改变。如今人们被搁置于食物系统最末端，在电商平台的消费选择被大数据左右，高度发达的物流业使购买跨地区农产品变得毫不费力，而物流业却是对能源高度依赖的行业。如何将对同一健康的关注转换成消费行为变革上的影响，这是生态文明时代人人参与食物系统转型的关键。

良食基金一直尝试通过面向不同人群的具体项目来推行这八条良食倡议在生活场景中的实践，其中"妈妈厨房"项目正致力于连接乡村和城市，打造社区空间，为社区妈妈提供健康可持续饮食生活方式的指导；"生态大厨"项目则旨在培养大厨领导力，让更多的厨师成为良食理念的践行者和传播者；"良食青年"项目希望赋能高校青年，使其成为食物系统转型的创变者，发挥青年的创造力和热情，在校园内积极倡导健康可持续饮食，推动校餐变革。

耶鲁大学近十几年来的餐饮转型实践具有良好的借鉴意义。2008年，由于承包餐饮服务的巨头公司爱玛克（Aramark）无法达到可持续性方面的要求，耶鲁大学做出了与其解除合同的决定。拉菲·塔海伦（Rafi Taherian）上任领导耶鲁后勤（Yale Hospitality），开始了一场持续至今的校餐变革。他希望耶鲁的餐饮服务遵循学校一贯的价值理念，制定了以"可持续、健康饮食、本地采购、文化多样"等为核心原则的一系列目标。

耶鲁后勤的一项重大举措就是逐步增加植物性食物，逐步减少对动物蛋白的依赖。到2016年，菜单上80%的选项都是以植物性食材为主制成的植物优先（planit-forward）饮食。与此同时，通过与供应商共同努力，耶鲁后勤确保其采购的所有鸡蛋都是非笼养的，所有肉类都是以人道的、自然的方式饲养且不含激素。这些做法不仅旨在保障动物健康，也与耶鲁向学生所传达的"对你更好，对地球更好"（Better for

You, Better for the Planet）的理念高度一致。

可持续有时意味着更高昂的成本，但耶鲁也探索出了许多巧妙权衡可持续与成本效益的做法。最好的例子就是"60-40 混合汉堡"——在碎牛肉饼中混入 40% 的碎蘑菇，减少肉类使用的同时还提升了肉饼的口感。多年来，耶鲁只供应混合汉堡和素食汉堡，因减少 40% 的牛肉而省下的成本则有望抵消在菜品研发上的投资。

近年来，在良食基金的促动下，包括耶鲁大学在内的多所美国名校与中国的多所大学也在餐饮可持续领域持续加深交流与合作。相信在不远的将来，可持续饮食也将在中国的高校蔚然成风。

2022 年 3 月，"良食青年"项目联手哈佛大学可持续办公室和行为洞见小组一起举办了助推马拉松 Nudge-A-Thon 方案设计交流活动，活动主题为"如何减少校园碳排放，让健康可持续的植物饮食在大学食堂更受欢迎"。"助推"是通过一系列简单的、非强制性的、低成本的措施，来引导个体做出更加理性、合理的决策。例如，通过将健康食品放在超市中更显眼的位置，从而鼓励顾客选择更加健康的食品，而非高热量的零食。在这次活动中，中国高校学生团队与哈佛大学学生团队的交流碰撞产出了众多创意方案。哈佛大学的后勤餐饮部门也对方案进行了认真评估，在赛后与哈佛大学学生团队一起尝试践行了其中可行性较高的方案。

中国高校学生团队方面，北京理工大学设计与艺术学院的"点亮珊瑚"方案，对因全球变暖产生白化而逐渐死亡的珊瑚进行视觉化，倡导大家践行低碳饮食，让珊瑚重新回到五彩斑斓的健康状态。该方案经过良食基金"蔬适周一"团队和学生的进一步共创开发，以互联网形式与社会各界的餐饮企业、大学和社会组织进行合作，推广健康可持续的饮食理念。

案例 2：林蛙——探究野生动物的相关利益

林蛙（别名哈士蟆）并不单指一种动物。目前，国内已知的林蛙共有 15 种。在我国作为"经济动物"而被大规模养殖的林蛙主要为中国林蛙（*Rana chensinensis*）、东北林蛙（*Rana dybowskii*）和黑龙江林蛙（*Rana amurensis*）。学术界对东北林蛙是中国林蛙长白山亚种还是独立种依然没有定论[①]，因而中国林蛙常和东北林蛙混合使用。这些林蛙的地理分布广泛，形态也不同（见图 5-2）。出于篇幅所限，我们在此采用"林蛙"这一统称来指代生活在东北地区的林蛙。

图 5-2 林蛙

林蛙主要生活在落叶阔叶林，活动于稻田、河边、林间小溪、沼泽等生境[②]，以昆虫为食，能促进森林的健康更新。相对于其他蛙类，林蛙有独特的习性，在春季会"爬山"（往山上迁移），也能抵御严寒，在冰封的河流中冬眠。与开发林蛙经济价值的文献相比，近十年国内外对林蛙在野外的习性、种群数量和适生区域的调查要少很多。2007 年，刘欣等学者[③]指出，中国林蛙分布区的森林覆盖率从新中国成立初期的 80%降到了 1987 年的 58%。与 20 世纪 90 年代相比，调查中的中国林蛙数量在短短十年间减少了 21.5%～32.7%。在《中国两栖类生活史和生态学特征数据集》[④]中，中国林蛙和东北林蛙被列为近危动物。

[①] 谢锋，叶昌媛，费梁，等. 中国东北地区林蛙属物种的分类学研究（两栖纲：蛙科）. 动物分类学报，1999（2）：224-231.
[②] 生境（habitat），又称栖息地，指生物的个体、种群或群落生活地域的环境，包括必需的生存条件和其他对生物起作用的生态因素。
[③] 刘欣，张伟，遇宝成，等. 东北三省中国林蛙资源调查研究. 林业资源管理，2007（3）：82-85.
[④] Yunfeng S, Chuanwu CH, Yanping W. A dataset on the life-history and ecological traits of Chinese amphibians. Biodiv Sci，2022，30（3）：22053.

现实可能比这些评估结果所显示的更悲观。两栖动物是所有脊椎动物中最受威胁的动物，近年来，壶菌门真菌因欠管制的全球异宠贸易而大肆传播，这是导致两栖动物大规模减少的重要原因[1]。和众多同类一样，林蛙面临着栖息地破碎化、过度捕猎、环境污染等由人类带来的伤害。在东北，林蛙的栖息地破坏来自森工企业的森林采伐、修路等工程。面对混乱的产业管理和大自然"低成本"的劳动力，并没有足够的正向激励让养殖户去严格遵守审批手续，以可持续的方式维持生计。林蛙繁殖的苛刻要求和高成本使养殖户主要依赖"人养蝌蚪林养蛙"的放养方式，用上千条封沟来"圈养"数亿只林蛙。这样不仅无法确定回捕数量，搭建的塑胶膜和铁丝网对林中其他生物及其栖息地也都造成了消极的影响[2]。除此之外，林蛙只吃活物，需要喂食动物蛋白，属于"高营养层"动物。与种植可食用的植物和菌类相比，养殖"高营养层"的动物会造成更多的能源消耗。

林蛙的商业化是利用了动物的繁殖策略：林蛙的产卵量非常高，一只雌蛙一次可产1 000～2 000粒卵。在不受人直接干预的情况下，这些卵的存活率以及蝌蚪长成体蛙的变态率都很低。但如果人为地收集林蛙卵并将其孵化，将"额外"的林蛙创造出来供人使用，野生动物是否可以成为我们永不枯竭的资源？

一旦被视为经济动物，野生动物就会按照市场对其大小、性别比例等的偏好被繁殖出来。而人们对经济效益的追求与自然状况下产生的动物特征往往并不吻合。比如，林蛙在自然环境下的雌性比例是30%，雄性比例为70%。商业养殖则更多地培育出雌性个体，缩短她们的成熟期，通过性别控制让雌性达到群体的70%以上[3]。此外，养殖市场的杂交选育也与保育的出发角度不同。前者通常剥夺了动物受到自然环境各类复杂

---

[1] BAI C, LIU X, FISHER M C, et al. Global and endemic Asian lineages of the emerging pathogenic fungus batrachochytrium dendrobatidis widely infect amphibians in China. Diversity and distributions, 2012, 18（3）: 307-318.
[2] HUANG Q, WANG F, YANG H, et al. Will the COVID-19 outbreak be a turning point for China's wildlife protection: new developments and challenges of wildlife conservation in China. Biological conservation, 2020, 254（prepublish）:108937.
[3] 孔祥文, 于立忠, 杨桂芹, 等. 中国林蛙雌化技术研究. 辽宁林业科技, 2000（4）: 23-24, 33.

刺激的机会，并不意味着能提高这些动物在自然状态下的存活率。

林蛙养殖带来的最大收益来自"雪蛤"。尽管其滋补功效可疑，甚至对哺乳期女性有害，"雪蛤"仍被售往世界各地，在华人、东亚社群中被视为高端美容营养品。许多消费者并不知道外形透明晶亮的"雪蛤"其实是雌性林蛙的输卵管。处理细小脆弱的输卵管需要大量的劳动力，为了保证输卵管的纯净度和完整性，处理工作大多由女性员工负责。在一些作坊式的生产单位，加工者会将林蛙用铁丝串起来活活晒干后再取出输卵管。已经有足够的科学证据证明，蛙类是有意识而且情感丰富的动物，能感受到压力、痛苦和恐惧[1]。将最怕日晒的林蛙以缓慢的方式处死，只为了满足部分消费者非必需的欲望，这毫无疑问是严重的道德问题。此外，和大多数养殖动物一样，林蛙也会遭遇非自然的、高密度的养殖环境，人工强制受孕、残忍的实验（如抗菌肽的开发），以及运输途中缺乏湿度、水源和食源的福利问题。受商业利益驱使，市面上的"雪蛤"或"林蛙油"还涉及除了林蛙以外的动物，比如大蟾蜍。

经过数十年的推广，林蛙养殖已经成为东北山区的支柱性产业，在国民经济中占有一定的地位。2020年年初的陆生野生动物"禁食令"执行后，面对众多业内的反对声，农业部很快将中国林蛙（东北林蛙）和黑龙江林蛙等几种蛙类从原先的陆生野生动物归为水生野生动物，并推出了加强蛙类"保护管理"的通知，将林蛙转交给渔业部管理。因为林蛙的养殖都在林区，渔业部门无力监管林区的盗猎问题，林蛙的栖息地和林蛙的种群管理就出现了"割裂"[2]。

林蛙所陷入的"陆生还是水生"之争体现了人们惯用的二元对立的思考方式。而自然中的现象并不遵循这种二元对立，也不能被人们简单地装进一个个思维"盒子"里，贴上概念标签。我们的思维惯式带来的局限会映射在行动上，产生意外的环境后果，这些后果对于动物来说往往是致命的。由于缺乏重视和研究资金，亚洲蛙属（Rana）的分类一直以

---

[1] LAMBERT H, ELWIN A, D'CRUZE N. Frog in the well: a review of the scientific literature for evidence of amphibian sentience. Applied animal behaviour science, 2022, 247: 105559.
[2] 澎湃新闻. 被忽略的水生野生动物保护和割裂的管理. （2020-03-14）[2023-02-16]. https://www.thepaper.cn/newsDetail_forward_6488474.

来都十分混乱,这使保育和贸易管理都阻碍重重。其实,人们不仅在林蛙的归类和物种上存在分歧,关于其药用历史的记载也存在混淆。孙云龙等学者[①]在名称考证中指出,哈士蟆在满语中为蝲蛄属动物,在民国时期被误归为蛙类。这些认知上的局限无论对保育工作者还是从业者来说,都是不可持续的。

尽管在过去的半个世纪,野生动物管理学越发重视整个生物群落和其中各生物之间的联系,但以人类利益为中心的传统保育理念依旧盛行。这样的"保护管理"理念认为,动物个体是没有意识的,野生动物是一种可按照人类欲望和利益而增加或减少的可再生资源。将林蛙等野生动物视作"增殖渔业"的政策就是在这样的理念下产生的。这就导致了一个自相矛盾的逻辑——本应该用来保护野生动物的机制所保护的并不是生活在自己的栖息地的、自由的、活生生的动物个体本身,而是一串串数字和由人类来定义的"种群"或"多样性"等冰冷概念。一个动物自诞生起的每一阶段都与其他生态的组成部分息息相关,它的每一个原子最后都会回归自然,在原本的生境中发挥作用。因此,任何包含动物的"可再生农业"不仅要面对动物伦理问题,还需要回答:我们从自然中"拿走"的,该如何还回去?

✏️ 拓展阅读:罗马俱乐部的《众生的地球》

罗马俱乐部于1972年发表了第一个研究报告《增长的极限》,该报告预言经济增长不可能无限持续下去,因为石油等自然资源的供给是有限的,报告中做了世界性灾难即将来临的预测,设计了"零增长"的对策性方案,在全世界掀起了一场持续至今的大辩论。1973年的石油危机增加了公众对这个问题的关注。

罗马俱乐部把全球看成一个整体,提出了各种全球性问题相互影响、相

---

① 孙云龙,肖井雷,王英哲,等. 哈士蟆名称考证与勘误. 时珍国医国药,2021(1):94-96.

互作用的全球系统观点；它极力倡导从全球入手来解决人类重大问题的思想方法；它应用世界动态模型从事复杂的定量研究。罗马俱乐部发表的较著名的研究报告有：《人类处于转折点》（Mankind at the Turning Point，1974）、《重建国际秩序》（Reshaping the International Order，1976）、《人类的目标》（1977）、《超越浪费的时代》（Beyond the Age of Waste，1978）、《学无止境》（No Limits to Learning，1979）、《微电子学和社会》（Microelectronics and Society，1982）、《关注自然》（Taking Nature into Account，1995）等。这些报告不仅对世界范围的"未来学"问题研究产生了重要影响，而且唤起了公众对世界危机的关注，增强了人们的未来意识和行星意识，从而促使各国政府的政策制定更多地从全球视角来考虑问题。

这些新观点、新思想和新方法，表明人类已经开始站在新的、全球的角度来认识人、社会和自然及其相互关系。罗马俱乐部提出的全球性问题和开辟的全球问题研究领域，标志着人类已经开始综合地运用各种科学知识，来解决那些复杂并属于高层次的问题。

21世纪以来，主导的经济模式正在破坏社会的稳定，导致这个星球的发展失衡。改变刻不容缓！为了促进有效的变革，罗马俱乐部、波茨坦气候影响研究所、斯德哥尔摩复原力中心和挪威商学院发起"众生的地球"（Earth4All）倡议。这一倡议是对《增长的极限》和《行星边界》（Planet Boundaries）框架的传承，专注于重新思考资本主义，超越GDP，在"人类世"创造一个安全、可靠和繁荣的未来。

为纪念其发表"20世纪最具影响力的著作"《增长的极限》50周年，罗马俱乐部从2022年4月一直到2023年1月，持续发布了13篇"众生的地球——深潜系列文章"（EARTH4ALL：DEEP-DIVE PAPER），围绕人类如何摆脱当前所面临的社会、经济、生态、气候、粮食、能源等危机，在广泛的议题上进行了非常有前瞻性的"深潜"思考，对于警醒和启示我们如何进行系统性变革，"危中寻机"，提供了非常具有洞见性的卓识。

《众生的地球：一份跨学科的全球倡议》（Earth for All: A Survival Guide for Humanity）[①]的主要内容包括：

---

① 迪克森-德克勒夫，加夫尼，戈什，等. 众生的地球：一份跨学科的全球倡议. 周晋峰，王豁，李利红，译. 北京：中译出版社，2023.

（1）全新的 Earth4All 模型结果表明，幸福感的下降和社会张力的加剧，增加了地区社会崩溃的风险。

（2）两种备选方案，即"碎步迟行式"（Too-Little-Too-Late）模拟场景和"阔步快进式"（The Giant Leap）模拟场景，以及它们对我们共同的未来意味着什么。

（3）提出实现系统变革的五个方面的行动，以便到 2050 年能够彻底改善贫困和不平等的状况、帮助边缘群体走出困境、实现粮食和能源系统的转型。

（4）指出一条清晰的路径，重启全球经济系统，使之既服务于全人类，也服务于地球。

插画故事

《中国近代动物保护主义先驱——吕碧城》

吕碧城（1883—1943），祖籍安徽旌德，民国"四大才女"之一，留下了《吕碧城集》《信芳集》《晓珠词》《雪绘词》《香光小录》等著作，其主要成就在于词学、女权和动物保护，是中国女权运动的先驱。

吕碧城是中国新闻史上的第一位女编辑，在《大公报》担任撰稿人，发表了大量诗词作品和兴女学文章，她把兴办女学与反封建、女性解放与强国兴国联系起来。吕碧城拜严复为师，学习了大量西方现代教育思想，如"德""智""体"全面发展的理念，用开放的眼光强调女学教育需要授女子以"世界普通知识"，以及工艺、实业等内容，使她们既可"造成完全之人格"，也能不依赖他，独立自主，走向社会、走向世界。

北洋女子公学是我国最早建立的公立女学堂，由吕碧城提议，在傅增湘、英敛之[①]等人及北洋政府的支持下创立，后扩建为北洋女子师范学

---

① 英敛之，《大公报》的创办人，也是辅仁大学的创始人。

堂。北洋女子公学从1904年创办至1912年停办，吕碧城兢兢业业地履行着自己总教习（后来任监督）的职责，开创了中国近代教育史上女子执掌校政的先例。

1907年7月15日，年仅32岁的秋瑾在绍兴罹难，吕碧城冒杀头之险，偷偷安葬了她。在国内没有报刊发布消息的情况下，她用英文写了《革命女侠秋瑾传》，发表在美国纽约、芝加哥等地的报纸上，让整个世界认识了这位中国女英烈。

1912年，吕碧城出任袁世凯临时大总统府秘书，从而走上了政坛。1915年，因袁世凯复辟帝制，吕碧城愤然辞官赴上海经商。1918年，吕碧城留学美国哥伦比亚大学，攻读文学和美术。1926年起，吕碧城漫游欧美7年，将见闻写成《欧美漫游录》，连载于北京《顺天时报》和上海《半月》杂志等，让中国人与她一起看世界。这次长达7年的旅行，成为她的动物保护启蒙之旅。

1927年7月，在维也纳，吕碧城遇到了工人罢工导致的骚乱，令她感慨："菜场列牲类之生鞹多件，毛色如生，血痕新渍，而驾车之牛马适行经其处，彼等见之亦有感觉否？牲类为人服役，永无同盟罢工之举，

图5-3 中国近代动物保护主义先驱——吕碧城

而反遭屠杀，世有仁者为之呼吁乎？企予望之。"在伦敦期间，吕碧城常常参加一些关于动物保护的活动，还被授予荣誉奖章。

1929年4月22日，天津《大公报》刊载了吕碧城的文章《国际保护禽兽运动下月在奥京举行大会》，文章中写道："欧美出版界，近有二大端，将以丕变二十世纪之景运，为具哲学眼光者，所不容漠视。"第一是人类开始重视"人类以外之伦理"，"国际保护禽兽运动"大会将有40多个国家的代表出席，亚洲只有新加坡代表参会，吕碧城将以个人资格进行演讲。第二是"中国文化西渐"，也就是西方人开始重视研究中国传统文化，包括经史子集、文艺、哲学等内容，"东西文化、自此汇通，矫功利主义之偏宕，集世界学术之大成，亦人类史上，破天荒之重要发展也"。

《大公报》陆续刊登吕碧城所写的《东西文明之进退观》《赴维也纳琐记》《禁屠为中国固有之道德——吕碧城女士在维也纳之演词》等文，引发广泛关注，人们撰文回应反对貂皮衣物、推广文明屠兽机器、改良屠宰的办法等。1929年10月4日，吕碧城在《大公报》发表了《今日为世界保护动物节——保兽会欲在中国设立分会》一文，提议由中国人自己组建保护动物会。在吕碧城的推动下，1934年中国保护动物会正式成立，当年10月4日，在上海市天后宫桥市商会举行动物节宣传大会[1]。中国保护动物会是一个由中国人自己主张兴办的动物保护组织，在中国近代动物保护史上影响甚大。

"七七事变"后，吕碧城再次出国，辗转于欧美国家，致力于倡导佛教，希望用佛教理念"护生戒杀"来阻止野蛮的战争。随着二战的爆发，她于1940年返国，寓居香港。1943年1月4日，吕碧城写下了人生中的最后一首诗——《梦中所得诗》：

护首探花亦可哀，平生功绩忍重埋。

匆匆说法谈经后，我到人间只此回。

---

[1] 高文兴. 吕碧城与中国动物保护会. 公益时报，2022-08-16.

在写下这首诗后的第17天，吕碧城病逝，享年61岁。朋友们遵照她此前的遗愿，将她的全部财产布施于佛寺，遗体火化后，"骨灰和入面粉化为小丸，抛入海中，供鱼吞食"。

吕碧城去世的消息传出后，有媒体推出专刊刊载众多悼念诗文。一文写道："盖女士天性慈爱，疴瘝在抱。悲天悯人之心，民胞物兴之怀。大雄大力，提倡废屠运动。登高一呼，众山响应。今女士西去，谁能不避艰难。鞠躬尽瘁，为彼世界上无央数羽毛鳞介之众生呼吁耶。若女士者，智仁勇三者俱备，其巾帼之完人欤"[1]。

课堂活动：万物一体之仁

> 余为董文恪公作行状，尽览其奏议。其任安徽巡抚，奏准棚民[2]开山事甚力，大旨言：与棚民相告讦者，皆溺于龙脉风水之说，至有以数百亩之山，保一棺之土，弃典礼，荒地利，不可施行。而棚民能攻苦茹淡于丛山峻岭、人迹不可通之地，开种旱谷以佐稻粱。人无闲民，地无遗利，于策至便，不可禁止以启事端。余览其说而是之。
>
> 及余来宣城，问诸乡人，皆言：未开之山，土坚石固，草树茂密，腐叶积数年，可二三寸。每天雨，从树至叶，从叶至土石，历石罅，滴沥成泉，其下水也缓，又水下而土不随其下，水缓，故低田受之不为灾。而半月不雨，高田犹受其浸溉。今以斧斤童其山，而以锄犁疏其土，一雨未毕，沙石随下，奔流注壑涧中，皆填淤不可贮水，毕至洼田中乃止；及洼

---

[1] 汪晓寒. 吕碧城：我到人间只此回. 北京：团结出版社，2019：223-224.
[2] 棚民：指失去土地的流民。

> 田竭而山田之水无继者。是为开不毛之土，而病有谷之田。利无税之佣，而瘠有税之户也。余亦闻其说而是之。
>
> 嗟夫！利害之不能两全也久矣。由前之说，可以息事；由后之说，可以保利。若无失其利而又不至于如董公之所忧，则吾盖未得其术也。故记之，以俟夫习民事者。①

思考：对于《记棚民事》一文，你有何理解？

_____

_____

_____

_____

_____

带着以上思考，开展以下课堂活动。

步骤1：请阅读两个大猩猩的案例。

英吉利海峡的泽西岛有一个动物园。1986年，一名5岁男孩从父亲的怀中掉进了大猩猩的围栏里，落地时撞到了头，失去了知觉。一只成熟的银背雄性大猩猩嘉宝（Jambo）冲向孩子，但它没有攻击孩子，而是轻轻地摸了摸孩子，站在他身边，赶走了其他大猩猩，避免这些好奇的大猩猩伤害到孩子，最后孩子被安全救出。嘉宝改变了人们对大猩猩的看法，在那之前，大猩猩被认为是好斗的"金刚"类型的生物。嘉宝于1992年去世。

1996年，美国布鲁克菲尔德动物园发生了类似的事情。由于父母没在意，一名儿童爬过栏杆从约7米高的地方掉进了大猩猩的

---

① 梅曾亮. 记棚民事 // 柏枧山房诗文集. 彭国忠, 胡晓明, 校点. 上海：上海古籍出版社, 2005：226-227. 梅曾亮（1786—1856），字伯言，上元（今江苏省南京）人。道光年间进士，官户部郎中，后辞归，主讲扬州书院。师事姚鼐，是桐城派后期的代表人物。

围栏里，撞伤头部，昏迷不醒。就在这时，8岁的雌性大猩猩宾蒂（Bindi）背着自己的小猩猩，冲到孩子跟前，把他抱在怀里，然后将孩子送到围栏的门口，这是动物园管理员很容易救助孩子的地方，孩子得救了。此后，成千上万的人去动物园看"富有同情心的大猩猩宾蒂"。

步骤2：就以上案例进行分组讨论，并回答以下5个问题。

（1）如果你当时是这两家动物园的参观者，你可能会有什么反应？

（2）你认为嘉宝和宾蒂为什么会有这样的行为？

（3）你听说过其他动物表现出关怀/同理心的例子吗？

（4）你能举出你或你的朋友表现出关怀的例子吗？

（5）你认为对朋友的处境表达关怀之情会影响你们的关系吗？这会不会被视为对对方私生活的侵犯？

>
>
>
>

步骤3：回顾"活出意义，发展行星意识"开篇的王阳明《大学问》中的那段话，比较阅读以下托马斯·贝里（Thomas Berry）的这段话，说说你对"万物一体之仁"的理解？

> 在现实中，实际上只有一个完整的地球共同体，它包括全部组成成员：人类的和非人类的。在这个共同体中，每一种存在都有他自己要实现的角色，他自己的尊严，他内在的自发性；每一种存在都有他自己的发言权；每一种存在都向整个宇宙宣告他自己；每一种存在都进入到与其他存在的交往之中。这种关联的能力、向其他存在显现的能力、自发行动的能力，是整个宇宙中每一种存在形式都具备的能力。[①]

步骤4：从每个小组中选出一名发言人，向全班汇报反馈意见。

步骤5：思考从对这个话题的讨论中所得到的收获，以及此刻的感受。

步骤6：列出接下来可能想要做的行动。

---

① 贝里.伟大的事业：人类未来之路.曹静，译.北京：生活·读书·新知三联书店，2005：5.

附 录

- 课程发展历程
- 相关创意赛事
- 编委会成员介绍

课程发展历程

"生命关怀教育与实践"课程试点最早在苏州科技大学开展,为2018年苏州科技大学教育与公共管理学院同行动亚洲联合开展的产学研项目。这一项目的发展与行动亚洲生命关怀儿童教育实践[①]相伴而行,在北京师范大学珠海分校、深圳职业技术学院、深圳大学等校大学生志愿者的共同参与下,这一卓越的儿童教育项目于2012年7月在深圳与珠海起步,项目内容包括举办师资培训、发展先锋示范校、落实教学实践、开展教育研究等,截至2023年9月,已有超过11.8万人次学生、3 727人次讲师、151所学校参与。

为了支持儿童发展关怀伦理、获得有意义的生活体验,本书执行主编张媛媛在教育实践中,将发展生命关怀心智模式作为研究方向,结合中国传统仁学、怀特海有机过程哲学以及陶行知的"生活即教育"等理念,努力融会东西方在人、动物及环境关系领域的哲学、科学、教育学的内容,提出以"同一健康"为目标的生命关怀心智模式整合发展的过程诗教实践理念,鼓励人们发展"一切关系都是审美关系"的觉悟能力,带着关怀、正直和智慧的愿望生活,心系万物诗性繁荣,做恰好的选择。

2019年,苏州科技大学将"生命关怀教育与实践"课程设为本科思想政治教育(师范)专业的实践类必修课程;同年,石河子大学师范学院张建平副教授参与为师范生提供"生命关怀儿童教育"课程实习选题指导;2021年,在杨美俊教授的策划下,华东师范大学开放教育学院开设了"乡村振兴和生态文明生命关怀教育"线上课程,为全国中小学教师提供教学指导;2022年,在汪庆祥教授的推动下,闽南师范大学科学教育专业开设了"生命关怀教育与情感发展"课程。

---

① 本课程符合可持续发展目标SDGs4的三大目标和各项指标,还涉及SDGs10、12、13、14、15和16内容。2021年6月经行动亚洲向联合国申报,获联合国可持续发展优秀示范项目认证。

作为全国教育科学"十四五"规划 2022 年度教育部重点课题"预防乡村校园欺凌——基于生命关怀主题的小学生命科学教育实践研究"领衔专家，张媛媛以生命关怀心智模式整合发展为理论基础，指导方绿珍名师团队开展课题研究，帮助教师协力提升学生的审美关系能力，将所学内容纳入生活实践，实现"关怀行动"。

在 2022 年出版的《基于心智模式改善的生命关怀教育》一书中，张媛媛详细阐述了生命关怀心智模式整合发展是一个包括智商、情商、德商、系统商在内的终身学习过程，以此为导向的生命关怀教育追求培养人文精神和科学精神统一的有心人，重视把握事物发展的规律性，重视生命的价值和尊严；追求培养知、情、意、行合一的生态人，遵循天地万物一体之仁的大道发展，对事物内在的有机联系有觉知，对他者有感觉，为人类的生存和发展提供价值支撑与终极关怀，以求达到至真、至善、至美、至勇。

2023 年年初，由邱仁宗、杨美俊和陆家海领衔的"生命关怀教育同一健康"通识课程教材编委会正式组建。

相关创意赛事

"活出意义"策展创意大赛

赛事背景：具有互动性的展览是一种受欢迎的沉浸式学习方式。鼓励大学生以策展人身份，寻找可能的空间并策划一个主题展，在这个过程中完成与"同一健康"相关的探究学习。

组织方法：可以由学校社团或班级组织，或与相关公益组织联合举办。

参考信息：（1）在开始之前，搜索是否举办过类似的展览，作为创意策展，需要与其他已有的展览区别开来。

（2）写一份简明扼要的展览描述，阐述展览的概念，内容包括参展艺术家的初步名单、所包括的作品类型、潜在观众、参观者的构成、成本预算及费用来源，等等。

（3）编制一份清单，列出想要展出的作品，注意要说明每一件作品想要传达的观点。确定展览的版块，并按照一定的逻辑将作品归入各个版块，注意每个版块要有"主打"作品。

（4）根据可用空间进行布局与设计，衡量作品的尺寸、体积是否适合所选空间。绘制展览图，包括鸟瞰图和立面图。

（5）编写策展文本，包括展览墙上的介绍文本、板块文本、单个展签，以及小册子上的文字内容，等等。

（6）策划展期内的活动，包括开幕闭幕式、工作坊、导览等，与观众进行互动，加深观众对展览和艺术作品、艺术家的理解，以吸引更多的参观者。

"感知生命"桌游设计大赛

赛事背景：桌游注重对多种思维方式、语言表达能力及情商的锻炼，并且不依赖电子设备及电子技术。这种娱乐形式也有利于增进情感。鼓励大学生参与设计一款简单的桌游，以帮助大众通过玩游戏来获得本书中的同一健康通识，提升对生命意义的理解。

组织方法：可以由学校社团或班级组织，或与相关公益组织联合举办。

参考信息：举例1：森林旅游逐渐成为一种受欢迎的旅游方式。然而，这种旅游方式也会对环境和人类健康造成潜在的威胁。以此为场景设计一款桌游。

在游戏过程中，每个玩家会控制一个游客棋子，根据游戏规则前进，途中遇到各种生物物种，需要回答有关生物物种的问题才能继续前进。同时，在游戏过程中，每个玩家还需要根据游戏卡牌上的提示来决定自己的游客行为，例如是否采摘野生花草，是否喂养动物，等等。玩家的目标是在游戏过程中尽可能多地了解有关同一健康和森林旅游的知识，同时尽可能地减少对森林生态系统和生物多样性的破坏。

举例2：全球有大概230亿只被养殖的鸡。笼养鸡的相关信息，参考主题二提供的案例。设计一款简单的桌游，让玩家深入了解笼养鸡的实际情况，引起关注和思考，增强同理心，提高对同一健康和农场动物福利的认知。

在游戏过程中，玩家可以选择用笼养或散养方式来养殖鸡，每种养殖方式都有自己的特点和影响。每种养殖方式都应该有自己的养殖方式卡片，卡片上的内容需要包括养殖方式名称、养殖成本、鸡的健康和福利评分、市场需求等信息。游戏中会出现随机事件，例如疾病暴发、市场需求变化等，这些事件会对玩家的经营策略和收益产生影响。每个随机事件都应该有自己的随机事件卡片，卡片上的内容需要包括事件名称、影响范围、影响程度等信息。游戏板块需要有不同的区域，例如市场区、鸡舍区、鸡笼区等，以便玩家可以将自己的鸡和养殖设施放置在不同的区域。每个玩家需要有自己的资金卡片，用于记录自己的资金状况和收支情况，卡片上的内容需要包括玩家名称、当前资金余额、资金流水等信息。

"过程诗学"淬剑诗歌大赛

赛事背景：淬剑诗歌大赛创办于 2014 年，是倡导过程诗学理念[①]的公益性赛事，以"文本铸剑，理论淬火"为宗旨，目前已举办六届。从 2024 年第七届开始，淬剑诗歌大赛将固定面向以大学生为主要对象的年轻诗人，以张媛媛、白鸦编制的《过程诗学教育实践提纲》为指导，鼓励年轻诗人以"过程之眼、生态之心、自由之笔"，打造过程诗教实践的精彩样本。

往届淬剑诗歌大赛曾聚焦过 80 后诗人、女诗人、90 后诗人、大学生诗人、儿童诗人等不同主题，共有 4 000 多位充满诗性的作者参加，先后有 150 多人获奖，其中大学生诗人遍布海内外 200 多所高校，儿童诗人多达 1 665 名，已形成生机盎然的诗歌生态，产生了积极的、正能量的社会影响，是媒体报道最多的诗歌比赛之一。巫小茶、榛莽、张口、马映、庄梦媛、茧衣等过程诗学代表诗人，都曾获得淬剑诗歌奖。

---

① 过程诗学（Process Poetry）由诗人白鸦于 2010 年创立，是指深度融合中国传统文化与过程哲学，以"中西合璧、生态文明、地域诗性、过程诗教"为核心理念，以"过程之眼、生态之心、自由之笔"所涵盖的 15 个关键词为创作原则的诗学体系。狭义上的过程诗学是引领生态文明时代诗歌自觉的诗歌流派，广义上的过程诗学是中西合璧、承载时代新使命的诗教实践。

组织方法：可以由学校社团组织参与，或个人参与。

参考信息①：诗就是诗，不是任何姿势的词语漫游，不是逻辑缠绕的意义压榨，而是日用而不知的结构惊奇。诗就是诗，不依赖抒情或真理，不依赖意象或修辞，不是鸡汤不是思辨，不是广场上的汹涌乌合也不是私生活的喋喋不休，不是散文不是故事甚至不是歌。诗就是诗，诗从来不是真相，却是真相的更加丰富与澄明；诗不是写出了什么，却是没有写出什么……面对众多大学生诗人的参评作品，我们力争去捕捉和感受的是：现代汉语的大气实验、清晰流畅的直接抒写、心气不俗的真诚历险、个人经验的瞬间扩展、寻常事物的本来陌生、无从落脚的可能叙述……期望参评诗人能够体会和理解自己是否入围及获奖的原因。

"生命关怀教育与实践"教学实践活动

赛事背景：自2019年以来，苏州科技大学开设"生命关怀教育与实践"课程，大学生在社会实践中以每年指定的教学包为材料，应用探究式学习理念，进行生命关怀教育课程设计并开展教学实践，提交教学实践总结报告，导师根据学生提交的教学实践报告进行评选。

往届"生命关怀教育与实践"教学实践奖曾聚焦"生命之网""生物多样性""请教动物""微塑料"等与同一健康相关的主题，先后有近50名大学生获奖。

组织方法：可以由学校社团或班级组织，或与相关公益组织联合举办。

参考信息②：教学场景可以是家庭客厅、补习班、学校、乡村支教等，教学对象10名以上，不限年龄，不得为本专业学生，时长30～40分钟。评审标准如下：

（1）是否面对面教学及教学对象数量。

（2）教学实践机会获得方式及个人在沟通方面所做的努力。

（3）教学方案中是否分析了教学对象的年龄及知识背景，并以此进行

---

① 摘自第五届淬剑诗歌奖评委印象。
② 摘自苏州科技大学"生命关怀教育与实践"教学计划。

设计。

（4）教学方案中学生学习目标设定得是否清晰。

（5）教学设计意图是否能支持学习目标的达成。

（6）教学过程中是否应用探究模型，报告中有说明。

（7）教学过程中是否应用形成性评量，报告中有说明。

（8）结束后对是否使用教学资源进行分析。

（9）结束后是否进行反思，教学实践报告改进部分内容是否有借鉴意义。

（10）学生对生命关怀教育之核心内容的理解程度。

"生灵之声"双语演讲大赛

赛事背景：随着社会对个人表达能力的要求不断提高，公众对于演讲技能的需求变得越发迫切。除了职场，演讲技能在校园、社会交往等方面的重要性也日益凸显。然爱同声发起"生灵之声"双语演讲大赛，参赛者在演讲中深度剖析生命关怀议题，传达他们对生命尊严的深刻理解，与观众建立深度思考的连接，最终激励大家将思考付诸爱与关怀的实际行动，共建和谐、友善、发展的生态文明社会。

组织方法：以多地区、多机构、多组织联合举办的方式在全国范围内广泛开展，设立儿童、青少年以及成人等多个赛道。大赛旨在通过赛前赋能、赛中调研以及赛后项目支持，为参赛者提供一个看见生活、整理洞见、学会表达，进而被听见的全过程成长平台，同时通过演讲这一媒介，传递生态文明和生命关怀的理念，助力更多的人成为关爱生命的倡导者。

参考信息[①]：比赛设立展演动物、实验动物、畜牧动物、职场动物、伴侣动物、流浪动物六个赛题，通过选题开启参赛者对非人类生命的关注，带着好奇去研究组委会提供的资料包，并以此为基础去理解人类与非人类生命的关系，去看见更多具体的生命故事，积极备赛，表达自己的真情实感。这不

---

① 摘自2024年"生灵之声"双语演讲大赛说明。

仅仅是一场演讲比赛，更是一场关于生命关怀的双向的沟通与传递。

评审以"言之有物""真情实感"为原则，以具备具体鲜活的人物和动物故事的作品为基础，综合考察演讲内容的深度、表达方式的生动性以及对生命关怀主题的深刻理解等方面。我们期待参赛者在演讲中展现独特见解，以引领观众深入思考，共同构建一个更加关爱生命的社会。

编委会成员介绍

主编

邱仁宗：中国社会科学院哲学研究所研究员、应用伦理研究中心名誉主任，中国医学科学院/北京协和医学院生命伦理学中心学术委员会主任，华中科技大学生命伦理学研究中心主任、教授，中国人民大学伦理学与道德建设研究中心研究员、生命伦理学研究所所长，厦门大学医学院生命伦理学研究中心名誉主任，中国科协中国自然辩证法研究会生命伦理学专业委员会名誉主任委员，香港公共政策资助计划评估专家组组员，美国乔治城大学肯尼迪伦理学研究所终身成员，国际哲学院院士。

杨美俊：北京师范大学教育学部硕士生导师、西部教师卓越发展中心副主任，华东师范大学教师发展学院基础教育课程综合改革项目专家组核心成员，中国教育科学研究院"人才选拔和教育评价"分会常务理事，北京市西城区教育科学研究院研究员。

陆家海：中山大学教授、博士生导师，温州医科大学同一健康研究院院长，海南医学院 One Health 研究中心主任，*One Health Bulletin* 主编，国家药品监督管理局疫苗及生物制品质量监测与评价重点实验室主任，国家重点研发计划首席科学家。中国同一健康的倡导者和践行者。

执行主编

张媛媛：苏州科技大学"生命关怀教育与实践"课程联合创课导师，深圳市佳音留守儿童关爱中心理事长，中国绿发会同一健康工作委员会通识教育执行秘书长，《马洪智库大视野》执行总编，马洪基金会智库百人会副总召集人。长期从事同理心、生命关怀心智模式整合发展教育研究和过程诗教实践。

副主编

马翰林：苏州科技大学马克思主义学院讲师。

王汐朋：天津医科大学医学人文学院副教授。

田　松：南方科技大学人文科学中心教授、博士生导师。

编　委

陈建明：苏州科技大学马克思主义学院副教授。

陈思敏：福建中医药大学马克思主义学院副教授。

方绿珍：漳州市实验小学教师，闽南师范大学兼职讲师。

葛　桦：深圳职业技术大学马克思主义学院副教授。

黄　毅：安徽大学经济学院副教授、硕士生导师。

贾忠奎：北京林业大学林学院教授、博士生导师。

江　洋：北京理工大学人文与社会科学学院副教授、硕士生导师。

雷瑞鹏：成都电子科技大学教授、博士生导师。

李建军：中国农业大学人文与发展学院教授、博士生导师。

李丽纯：中共长沙市委党校教授。

李晓岩：香港大学水资源技术与政策研究中心教授。

林德贵：中国农业大学动物医学院教授、博士生导师。

刘晓雅：行动亚洲中国项目总监。

刘永春：湖南师范大学道德文化研究院副教授、硕士生导师。

钱　进：荷兰瓦赫宁根大学环境政策专业博士研究生。

孙国柱：中国政法大学人文学院副教授、硕士生导师。

陶应时：湖南大学马克思主义学院副教授、博士生导师。

汪庆祥：闽南师范大学化学化工与环境学院教授、硕士生导师。

王福玲：中国人民大学哲学院副教授、硕士生导师。

王华南：浙江大学动物科学学院副教授、博士生导师。

王延伟：河北环境工程学院继续教育部讲师。

杨　丽：哈尔滨师范大学教育科学学院教授、博士生导师。

杨四平：上海外国语大学国际文化交流学院教授、博士生导师。

杨通进：广西大学马克思主义学院教授、博士生导师。

银枝娟：行动亚洲兽医关怀无国界中国高级培训师。

于长江：北京大学深圳研究生院通识中心主任。

张会永：厦门大学哲学系教授、博士生导师。

张建平：石河子大学师范学院副教授、硕士生导师。

张振仓：杨凌职业技术学院动物工程学院教授。

图书在版编目（CIP）数据

生命意义与同一健康 / 邱仁宗，杨美俊，陆家海主编. -- 北京：中国人民大学出版社，2024.6
ISBN 978-7-300-32886-7

Ⅰ.①生… Ⅱ.①邱… ②杨…③陆… Ⅲ.①生命哲学 Ⅳ.① B083

中国国家版本馆 CIP 数据核字（2024）第 107296 号

生命意义与同一健康
主　　编：邱仁宗　杨美俊　陆家海
执行主编：张媛媛
Shengming Yiyi yu Tongyi Jiankang

出版发行	中国人民大学出版社		
社　　址	北京中关村大街 31 号	邮政编码	100080
电　　话	010-62511242（总编室）	010-62511770（质管部）	
	010-82501766（邮购部）	010-62514148（门市部）	
	010-62515195（发行公司）	010-62515275（盗版举报）	
网　　址	http://www.crup.com.cn		
经　　销	新华书店		
印　　刷	北京七色印务有限公司		
开　　本	720 mm×1000 mm　1/16	版　次	2024 年 6 月第 1 版
印　　张	14.25 插页 1	印　次	2024 年 6 月第 1 次印刷
字　　数	216 000	定　价	49.00 元

版权所有　侵权必究　印装差错　负责调换